KB259881

글은
논리다
우리가 쓰는
우리글의
맹점

글은 논리다
– 우리가 쓰는 우리글의 맹점

지은이 | 백우진

1판 1쇄 펴낸날 | 2011년 7월 20일

펴낸이 | 이주명
편집 | 문나영
출력 | 문형사
종이 | 화인페이퍼
인쇄 · 제본 | 한영문화사

펴낸곳 | 필맥
출판등록 제300-2003-63호
주소 | 서울시 서대문구 충정로2가 184-4 경기빌딩 606호
이메일 | philmac@philmac.co.kr
홈페이지 | www.philmac.co.kr
전화 | 02-392-4491
팩스 | 02-392-4492

ISBN 978-89-91071-90-2 (03710)

이 도서의 국립중앙도서관 출판시도서목록(CIP)은 e-CIP홈페이지(http://www.nl.go.kr/cip.php)에서 이용하실 수 있습니다. (CIP제어번호 : CIP2011002856)

글은 논리다

우리가 쓰는
우리글의
맹점

지은이_백우진

필맥

머리말

나는 기자로서 글을 잘 쓴다고 자부하지 않았다. 그러나 내가 쓴 기사가 다른 기자가 쓴 기사보다 떨어진다는 생각은 추호도 하지 못했다.

어느 날 다른 매체는 전혀 모르는 사실을 취재해 기사를 작성했다. 큰 기사는 아니어도 보도할 가치는 충분한 기사였다. 매체 중 처음으로 쓰는 기사를 기자들은 '단독'이라고 한다. 쓸 때엔 '단독'이고, 단독 보도 이후 다른 대다수 매체가 처음 보도한 매체에 버금가는 비중으로 보도하면 '특종'이 된다. 한 매체가 아무리 큰 비중으로 '단독' 보도했더라도 다른 여러 매체가 의미를 부여하지 않고 무시하면 '특종'은 되지 못한다.

단독 기사를 쓴 날엔 대개 사무실로 들어간다. 지면에 어느 정도 크기로 반영됐는지 알고 싶어서다. 그날 사무실에서 본 지면엔 그러나 내 기사가 들어가지 않았다. 요즘 예능 방송 프로그램의 용어로는 '편집'된 것이다. 나는 A차장한테 물어봤다.

"그 기사 단독인데, 왜 안 들어갔어요?"

4

A차장은 처음엔 "부장한테 물어보라"고 하더니 나중엔 날 질책했다.

"인마, 기사를 잘 써야지."

분한 마음이 들었다. "기사의 어떤 부분이 부족한데요?"

그는 말을 돌려 "네 글은 고칠 부분이 많아서 볼 때마다 골치가 아프다"고 했다.

"구체적으로 지적해주세요."

"네가 계속 틀리는 부분을 모아뒀는데 며칠 전에 다 버렸어."

"그래도 기억나는 부분이 있을 거 아닙니까?"

"인마, 신입기자 ○○○이 쓰는 것 보고 잘 생각해봐."

그날 나는 잠을 이루지 못했다. 분하고 궁금했다. 도대체 내 글이 어디가 문제일까? 나는 다른 기자가 쓴 글과 내 글을 비교하면서 읽기 시작했다. 내 글에서 부족한 점은 어렴풋이나마 깨달을 수 있었다. 그러나 그 선배가 말한 반복되는 글쓰기 오류가 무엇인지는 찾지 못했다.

그 선배가 내가 실수할 때마다 피드백을 줬다면 내가 그 피드백을 쏙쏙 흡수하면서 실수를 줄였을까? 그래서 이전보다 글을 더 잘 쓰게 됐을까? 그 선배가 한 것처럼 답을 알려주지 않은 채 '화두'를 던지고 스스로 찾도록 한 방식이 내겐 훨씬 도움이 된 게 아닐까? 시일이 지나면서 자존심에 입은 상처가 아물고 딱정이가 지고 떨어졌다.

그 회사를 떠나 다른 언론사에서 데스크가 됐다. 데스크는 현장을 누비는 취재기자와 달리 사무실에서 책상을 지킨다. 데스크는 기자에게 취재지시를 내리고 기자가 쓰고자 하는 기사의 방향을 잡아주며, 출고된 기사를 고쳐 교열팀으로 보낸다.

데스크를 거쳐 편집장으로 일하면서 '초년병 시절 내가 쓴 글을 본 A차장의 심정이 이랬나' 싶은 마음이 자주 들었다. 기자들은 비슷한 유형의 틀린 표현을 반복했다. 계속 잔소리를 해야 하나, 아니면 으레 그러려니 하고 넘어가야 하나 고심했다. 그러다 생각해낸 방법이 원고를 프린터로 출력해 고칠 부분을 메모해 출고한 기자에게 줘 직접 고치도록 하는 것이다.

이렇게 해서 나는 컴퓨터 모니터를 들여다보며 기자의 초고를 직접 고칠 때마다 겪는 답답함에서 벗어났다. 한편으로는 이런 생각이 들었다. '기자는 훌륭한 글을 쓰지는 않지만 글쓰기를 업으로 한다. 다른 직종보다는 숙련된 글쟁이다. 그런 기자도 모르거나 자주 틀리는 우리말 표현을 모아 책을 내면 어떨까. 청소년부터 직장인까지 글을 써야 하는 모든 이에게 도움이 되지 않을까.'

나는 기자들에게 준 '초고 수정 지시서'(?)를 돌려받았다. 그리고 유형별로 모았다. 무언가 이상한데 무엇이 잘못됐는지 콕 집어내기 어려운 문제와 간혹 마주쳤다. 그런 문제는 다른 책에서 아직 제기하거나 풀지 않은 종류였다. 나는 사전을 찾아보고 한국어와 관련한 책을 읽으며 궁리에 궁리를 거듭했다. 새로운 문제 중 몇 가지는 내가 직접 풀어 이 책에 반영했다.

우리말, 우리글과 관련한 책은 이미 서점의 서가 한 칸을 다 채우고도 넘친다. 그런데도 나는 왜 지금 얄팍한 이 한 권을 추가하는가? 이전까지 나온 책은 인터넷 및 모바일 시대를 맞아 빠르게 변모하는 우리말, 우리글을 다루지 않았기 때문이다.

우리글의 '돌연변이'가 지금처럼 빨리 진행된 적이 있을까? 대부분의 글이 인쇄물에 찍히던 시절에는 원고는 형식적이고 허술하더라도 교열과 편집 과정을 거쳤다. 인터넷 및 모바일 시대엔 누구나 직접 글을 쓴다. 이제 글이 지켜야 할 최소한의 준칙이 희미해졌다. 사람은 비슷하다. 내가 착각하는 부분은 다른 사람도 헷갈린다. 사람은 원숭이와 다르지 않다. 다른 사람이 하는 행동을 따라 한다. 그래서 한 사람의 실수는 많은 사람의 실수로 금세 번진다.

글은 말을 따라간다. 말이 변하면 글도 따라 변한다. 이런 점에서 방송국은 활자매체보다 더 책임이 크다. 그런 방송국이 우리말과 관련해 하는 역할은 무엇인가? TV 방송국은 이른바 예능 프로그램을 간판상품으로 내걸면서 우리말 오염을 막기는커녕 조장하고 있다.

TV 방송 중 몇몇 프로그램은 출연자가 한 말을 자막으로 띄워준다. 방송국은 출연자가 어법에 어긋나게 사용한 단어를 바른 단어로 고쳐서 띄운다. "이번엔 그때랑 많이 틀렸어요"에서 '틀렸어요’를 ‘달랐어요’로 바꾼다. “너무 환상적이었어요”는 “정말 환상적이었어요”로 바로잡는다. 그러나 언중(言衆) 대다수가 잘못 쓰면 방송국은 출연자의 ‘틀린’ 표현을 ‘다른’ 표현으로 인정하고 그대로 내보낼 것이다. 그 때엔 우리말뿐 아니라 우리글에도 ‘틀린’ 표현이 ‘너무 많이’ 스며들 것이다.

기자 초년병 시절 어디에선가 혹은 누구로부터인가 “기자는 기획과 취재, 기사작성에 이르는 업무의 단계 중 마지막에서는 우리말을 갈고 다듬고 지키는 역할도 해야 한다”는 ‘사명’을 접했다. 그럴듯하게는 “최후의 우리말 파수꾼”이라는 가르침을 접했다.

왜 ‘최후의’ 파수꾼인가? 교사와 교수는 글을 쓰는 사람이 어법에 맞도록 쓰는 걸 가르친다. 사전적(事前的)인 역할이다. 교사와 교수가 바른 글쓰기를 가르쳐도 말과 글은 자꾸만 엇나간다. 말에서 비롯된 틀린 표현은 차츰 글로 번진다. 이때 미디어가 보루(堡壘) 역할을 해야 한다. 기자는 파수꾼으로 나서야 한다. 기자마저 틀린 표현에 전염돼 어법에 맞지 않은 부분을 일상적으로 쓰게 되는 단계에서 싸움은 끝난다. 이 단계에서 그른 표현은 글에 뿌리를 내린다.

다산 정약용은 《아언각비(雅言覺非)》 서문에 다음과 같이 적었다.

“세상에 풍습이 서로 전해지는 동안에 그 쓰이는 말이 애초의 참뜻을 잃어버리고 그릇되게 전해진 것을 그대로 이어받고 따라

써서 그만 습관이 돼도 살피어 고치려 하지 않는다. 우연히 하나의 그릇된 말을 밝혀 깨닫게 되면 드디어는 많은 사람들이 많은 의문을 일으켜 그릇된 말들이 진실에 어긋남을 깨우치게 되므로, 이런 것을 자료로 삼아《아언각비》세 권을 짓는다."

'아언각비'는 바른 말을 사용하고 그릇된 것을 깨달음을 뜻한다. 내가 이 책을 쓰는 취지는 다산이《아언각비》를 쓴 뜻과 다르지 않다. 내용에서는 두 책을 비교하는 일이 가당치 않겠지만.

이 책은 다른 우리말, 우리글 지침서와 일부 겹친다. 그러나 내가 직접 문제를 제기하고 대안을 찾아낸 부분이 더 많다. 그렇지 않다면 이 책을 굳이 내지 않았을 것이다. 이미 많이 지적된 단어 오용 사례는 피했다.

필요한 곳 몇 군데에서는 그 말을 영어로는 어떻게 쓰는지 살펴봤다. 괴테는 "외국어를 배움으로써 모국어를 잘 이해할 수 있다"고 말했다. 우리말에서 빚어지는 실수가 영어에서도 반복되고, 영어권에서도 그 용례를 내 생각과 같은 이유로 잘못이라고 지적한 경우도 있었다.

이 책에서 든 예문은 대부분 나와 함께 일했거나 현재 일하는 기자들의 원고와, 내가 근무했거나 현재 일하는 매체에 들어온 외부 원고에서 인용했다. 추가 사례는《글쓰기 필수 비타민 50》(김상우, 페이퍼로드, 2009)을 비롯한 다른 책에서 몇 가지 끌어오고 인터넷을 통해 찾았다. 다만 인터넷 검색 대상은 언론매체에 국한했다.

기자와 필자에게 그들이 쓴 문장을 '반면교사' 사례로 인용하는 데 대해 일일이 양해를 구하지 못한 점, 마음에 걸린다. 우리말을 지키자는 대의에 공감하고 해량해주십사, 이 지면을 빌려 부탁드린다.

강이 산을 깎고 산이 흘러내려 강을 메우고 평야를 이룬다. 모든 것은 변한다. 말과 글 또한 시대에 따라 달라짐을 누가 막으랴. 그러나 설령 그럴지라도 아름다운 산과 강을 가능한 한 그대로 지키고자 하는 노력을 포기할 수는 없다. 이 책을 읽는 독자께서는 모두 아름다운 우리말과 우리글을 지키는 데 동참할진저.

차례

간결할수록 아름답다

진리는 대개 간결하다. 아인슈타인의 상대성 원리가 이를 극명하게 보여준다. $E=mc^2$. 물질이 지닌 에너지는 무게에 속도의 제곱을 곱한 만큼이라니, 얼마나 간단한가.

인간과 사회의 실체는 수학 공식이나 물리학 이론이 도출한 정리처럼 간단치 않다. 물론 수학과 물리학의 원리도 명쾌한 결론에 이르기까지 매우 복잡한 과정을 거친다. 인간과 사회에 대한 글인 기사도 마찬가지다. 논의는 복잡할 수 있지만 메시지는 뚜렷해야 한다. 진실을 왜곡하지 않는 선에서 메시지 전달을 방해하는 자잘한 사실은 건너뛰어도 좋다.

마찬가지로 메시지를 강조하기 위해 설명을 장황하게 하거나 과장해서도 안 된다. 쓸데없는 덧칠은 피해야 한다. 쇼펜하우어는 "건축에서 지나친 장식을 경계하듯 언어를 통한 예술에서도 불필요한 수식과 부연, 과잉된 표현을 경계하는 것이 바람직하다"고 지적했다. 《쇼펜하우어 문장론》에서 일부를 옮긴다.

어떤 작용도 정도가 지나치면 처음 목표했던 것과 반대되는 결과를 초
래하게 마련이다. 언어 또한 사상을 알기 쉽게 도울 수는 있지만, 그 효
용도 적정한 한계를 유지했을 때 비로소 가능해진다. 그 한계점을 지키
지 않고 무조건 언어의 양적 확대만 추구하다 보면 전달되어야 할 사상
은 결국 명료함을 잃고 만다.

쓸데없이 덧붙인 단어도 문체의 이 같은 목적에 정면으로 위배된다는
점을 명심해야 한다. (중략) 무의미한 문장을 써넣는 것보다 차라리 좋
은 문장이라도 문맥상 거슬린다면 과감히 잘라내는 편이 훨씬 낫다.

쇼펜하우어, 《쇼펜하우어 문장론》, 김욱 옮김, 지훈 출판사, 2005년

글이 간결하려면 단어에도 군살이 붙지 않아야 한다. 그러나 우
리말에는 '역전(驛前)앞' 처럼 군더더기가 낀 말이 많다. 지금도
우리는 단어에 더께 같은 요소를 앉히는 건 아닐까.

01

반디, 반딧불, 반딧불이

신문에도 등장하는 '반딧불이'라는 단어를 생각해보자. 반딧불이는 개똥벌레를 가리킨다. 개똥벌레의 다른 이름은 반딧불이가 아니라 반디였다. 반디가 내는 불이 '반딧불'이었다. 그런데 언젠가부터 반딧불을 내는 벌레를 '반딧불이'라고 부르기 시작했다. 내가 갖고 있는 국어사전에는 '반디'는 있지만 '반딧불이'는 없다.

아버지는 나와 누나가 각각 초등학교 2학년과 3학년일 때인 1973년에 함께 보라고 국어사전을 들고 오셨다. 그 사전을 얼마나 활용했는지는 거의 기억나지 않는다. 그 사전은 지금도 내게 있다. 민중서관에서 낸 사전인데, 표지가 떨어져 나가 언제 간행됐는지 알 수 없다. 이 사전에는 '반딧불'을 표제어로 올려놓고 '개똥벌레의 꽁무니에서 반짝이는 인의 불빛'이라고 설명했다. 요즘 쓰이는 '반딧불이'는 표제어에 없다. 대신 '반되'가 나온다. 반되는 '개똥벌레의 옛말'이라고 풀이됐다.

내가 직접 산 국어사전은 동아출판사가 1990년에 편찬한 《동아

새 국어사전》이다. 사전엔 ‘1991년 10월 4일’이라고 적혀 있다. 일간지 기자시험에 합격하기 약 한 달 전에 산 사전이다. 이 사전은 제법 자주 활용했다. 지금도 나는 인터넷 사전과 나란히 이 사전을 뒤적인다. 이 사전에는 ‘반되’ 대신 ‘반디’가 표제어로 올랐다. ‘반딧불’도 물론 나오고 ‘개똥벌레의 꽁무니에서 반짝이는 불빛’이라고 이전 사전보다 더 간단히 풀이됐다. 이 사전 또한 ‘반딧불이’라는 단어는 올리지 않았다.

2002년에 편찬된 YBM시사의 《대한민국 나라말 사전》은 다르다. ‘반디’는 표제어에서 사라졌다. 대신 ‘반딧불’에 이어 ‘반딧불이’가 나온다. 반디가 어떤 돌연변이 과정을 거쳐 반딧불이로 됐을까? 내 생각에는 반디라는 벌레를 한 번도 본 적이 없고 그 단어를 입에 올려본 적도 없는 사람들이 ‘반딧불’이라는 단어를 자주 접하다가 ‘반딧불을 내는 벌레는 그럼 ‘반딧불이’라고 부르면 되겠구나’ 하고 새로운 낱말을 만들어낸 게 아닐까 싶다.

반디는 제 이름 꽁무니에 두 글자를 더 달고 다니게 됐다. 앞으로 제2, 제3의 반디가 나오지 않으리라고는 누구도 장담하지 못 하리라.

자리매김

'매기다' 는 '일정한 기준에 따라 사물의 값이나 등수 따위를 정하다' 는 동사다. 이 동사 앞에 '자리' 를 붙여 '자리매기다' 는 동사를 만들면 '평가하다' 는 말이 된다.

'자리매기다' 는 요즘 명사형으로 많이 쓰인다. '자리매김' 이 '하다' 와 함께 '자리매김하다' 로 활용된다.

▷올해 아카데미상은 동양의 영화감독들을 명장으로 자리매김했다.

여기서 '자리매김했다' 보다 '자리매겼다' 가 더 씀직하다. 동사에서 출발해 명사형을 만들고 '하다' 를 덧붙여 시제를 적용한 꼬인 표현보다 동사를 바로 쓰는 편이 낫다.

▶올해 아카데미상은 동양의 영화감독들을 명장으로 자리매겼다.

문제는 여기서 끝나지 않는다. 다음과 같이 스스로 자리매기는 틀린 용례는 피하자.

▷아이돌 가수가 새로운 한류로 자리매김했다.

주어가 '아이돌 가수'다. 따라서 아이돌 가수가 스스로를 새로운 한류로 평가했다는 이상한 말이 된다. 그런 뜻으로 쓴 문장은 아니다. 따라서 다음과 같이 고쳐 쓰는 편이 낫다.

▶아이돌 가수가 새로운 한류로 자리잡았다.

굳이 '자리매기다'는 단어를 쓴다면 이렇게 하자.

▶아이돌 가수가 새로운 한류로 자리매겨졌다.
▶아이돌 가수를 새로운 한류의 주역으로 자리매기는 걸 아무도 주저하지 않을 것이다.

예를 몇 개 더 들어보자.

▷이후 마세라티는 지금까지 페라리와 시너지 효과를 톡톡히 누리며 전 세계 45개국에 수출되는 국제적인 브랜드로 자리매김하고 있다.
▶이후 마세라티는 지금까지 페라리와 시너지 효과를 톡톡히 누리며 전

세계 45개국에 수출되는 국제적인 브랜드로 자리매겨지고 있다.

▶이후 마세라티는 지금까지 페라리와 시너지 효과를 톡톡히 누리며 전 세계 45개국에 수출되는 국제적인 브랜드로 자리잡았다.

▷경제 기반이 튼튼하게 자리매김해 준다면 부동산 시장에도 훈풍이 불어야 마땅하다.

▶경제 기반이 튼튼하게 자리잡는다면 부동산 시장에도 훈풍이 불어야 마땅하다.

▷글로벌 대학으로 자리매김하기 위한 중장기 발전계획인 비전 2020을 수립했습니다.

▶글로벌 대학으로 자리잡기 위한 중장기 발전계획인 비전 2020을 수립했습니다.

03
동사를 '명사와 동사'로 나눠 쓰는 습관

동사 '매기다' 앞에 이해를 돕기 위한 '자리'를 붙이고 다시 '자리매김'이라고 변형한 단어가 자주 활용되는 이유를 이해하지 못할 바는 아니다. '홀로 서다'로 만든 '홀로서기'라는 복합명사처럼 '자리매김'은 그럴듯해 보인다. 그러나 동사로 쓸 수 있는 단어를 굳이 명사와 '하다'나 '되다'를 결합해 쓰는 모습은 볼썽사납다.

▷사회적 기업에 대한 관심이 뜨겁다. 중앙정부와 지방자치단체는 앞다퉈 사회적 기업을 육성하겠다는 발표를 하고 있다.

▶사회적 기업에 대한 관심이 뜨겁다. 중앙정부와 지방자치단체는 앞다퉈 사회적 기업을 육성하겠다고 발표하고 있다.

▷그는 2003년 SK글로벌(현 SK네트웍스) 분식회계 사태로 구속이 됐고, 이후 소버린 분쟁이 터졌다.

▶그는 2003년 SK글로벌(현 SK네트웍스) 분식회계 사태로 구속됐고, 이후 소버린 분쟁이 터졌다.

▷"며칠 전 운동을 하다가 다리를 다쳤는데 의사는 성화봉송 주자로 뛰는 것을 만류하더군요."

▶"며칠 전 운동하다 다리를 다쳤어요. 의사는 성화봉송 주자로 뛰지 말라고 하더군요."

▷회원농장이란 우리와 계약을 하고 돼지를 사육하는 전업농가를 말한다.

▶회원농장이란 우리와 계약하고 돼지를 사육하는 전업농가를 말한다.

▷미래를 내다보는 긴 안목으로 끊임없는 기술개발과 품질개선을 할 생각입니다.

▶미래를 내다보는 긴 안목으로 끊임없이 기술을 개발하고 품질을 개선할 생각입니다.

▷조 상무는 업무보고를 하러 회장실에 갈 때마다 예행연습을 할 정도로 준비가 철저하다.

▶"조 상무는 업무를 보고하러 회장실에 갈 때마다 예행연습을 할 정도로 철저히 준비한다.

목적격 단어를 떼어내 말하는 습관은 다른 형태를 띠기 시작했다. 예를 들면 다음과 같다.

▷그 학생이 동아리 활동에 친구들 모임에 정말 바빠서 자주를 못 온대.

▷상처가 나면 낫지를 않아요.

▷너는 왜 그렇게 기다리지를 못해.

▷이번 추석에는 집에를 못 가게 될 것 같아요.

부사를 떼어내 목적격으로 만드는 희한한 언어습관이 언제 관습이 될지 지켜볼 일이다.

04

'∼화' 와 '변화'

화(化)를 사전에서 찾아보면 '일부 명사 밑에 붙어, 그 명사가 뜻하는 대로 됨을 나타냄' 이라고 풀이한다. 예로는 대중화, 생활화, 의식화 따위를 든다. 대중화는 '대중에게 보급됨' 을, 생활화는 '생활에 자리잡음' 을, 의식화는 '의식에 뿌리내림' 을 의미하겠다.

변화(變化)는 '변하다' 는 동사를 명사형으로 만든 단어다. 사전은 변화를 '사물의 모양, 성질, 상태 등이 달라짐' 이라고 풀이한다.

말이 이렇게 갈라졌음에 비추어볼 때 변화에 '하다' '되다' 를 붙인 '변화되다' '변화하다' 는 어색하다. 원래 단어인 '변하다' 를 쓰면 된다. 잘못 쓰인 사례를 몇 가지 들면 다음과 같다.

▷이명박 대통령은 이와 함께 "검찰은 외부 변화에 느리게 적응하는 조직문화가 있다"며 "이것을 깨트리지 않으면 빠르게 변화하는 트렌드에 검찰은 떨어질 수밖에 없다"고 강조했다.

▷GS건설은 적극적인 해외수주를 통해서 보수적인 경영전략에서 적극

적인 성장전략으로 변화하는 모습을 보여주고 있다.

▷은채령(문채원 분)의 변화된 모습이 시청자들을 기대케 했다.

각각의 사례에서 '변화하는' 보다 '변하는' 이 자연스럽고, '변화된' 은 '변한' 이라고 쓰는 것이 맞다.

한술 더 떠 '변화시키다' 와 같이 사역형의 오류까지 덧대는 용례도 만들어지는 중이다. 다음 문장을 보자.

▷스마트폰 애플리케이션이 커피전문점을 이용하는 소비자들에게 활용도가 높다. 스마트폰 보급률이 높아지면서 커피전문점 애플리케이션을 적극 활용하는 소비자들이 늘고 있는 것. 이로 인해 커피전문점을 이용하는 소비자들의 카페 이용 양상까지 변화시키고 있다.

이 문장에서 '양상' 이 주체가 될 수 없으므로 '시키다' 는 사역형을 쓰면 안 된다(사역형에 대해서는 나중에 다시 설명함). '변화시키고 있다' 는 '바꾸고 있다' 로 바꾸는 게 좋다.

▷이런 상황은 한국 기업이 조직문화를 획기적으로 변화시켜야 할 시기가 되었음을 말해준다.

▶이런 상황은 한국 기업이 조직문화를 획기적으로 혁신할 시기가 되었음을 말해준다.

▷소중한 이 경험을 바탕으로 앞으로도 '맞춤 서비스'를 가속화시켜야 겠다고 다짐하는 한편 세상과 함께 나누고 싶은 마음에서 출판을 하게 되었다.

▶소중한 이 경험을 바탕으로 앞으로도 '맞춤 서비스'를 가속하겠다고 다짐하는 한편 그 경험을 세상과 함께 나누고 싶은 마음에서 출판을 하게 되었다.

▶소중한 이 경험을 바탕으로 앞으로도 '맞춤 서비스'에 속도를 내겠다고 다짐하는 한편 그 경험을 세상과 함께 나누고 싶은 마음에서 출판을 하게 되었다.

'변화'와 비슷한 단어로 '둔화(鈍化)' '약화(弱化)' 등이 있다. 겹치는 말을 쓰지 않는다는 원칙에 따라 '둔화하다' '둔화되다' 는 쓰지 않으면 좋겠다. '둔해지다' 가 훨씬 낫다. 마찬가지로 '약화한다' 는 '약해진다' 로 쓰자. '되다' 는 그 앞에 형용사가 오는 경우엔 대부분 '~화되다' 보다는 '~해지다' 로 써야 한다. '비대화되다' 는 '비대해지다' '노후화되다' 는 '노후해지다' 로 표현하자.

▷좌심실의 혈액을 송출하는 힘은 심장 벽이 얇아질수록 약화한다.

▶좌심실의 혈액을 송출하는 힘은 심장 벽이 얇아질수록 약해진다.

▷시장규모는 커질 것으로 예상되지만 중국 등 신흥국 수요의 점진적인

회복으로 성장 폭은 둔화할 것으로 보인다.

▶시장규모는 커질 것으로 예상되지만 중국 등 신흥국 수요의 점진적인 회복으로 성장은 둔해질 것으로 보인다.

▷지식경제부는 10일 노후화된 연료용기를 대상으로 특별안전점검을 실시할 계획이라고 밝혔다.

이 문장에서 '노후화된'은 '노후해진'으로 바꾸는 게 좋겠다. 반면 다음 문장의 '노후화'는 제대로 쓰였다.

▶충남 계룡대 육군본부에서 열린 국회 국방위원회 국정감사에서 육군 장비의 노후화 문제가 도마 위에 올랐다.

정리하면, 형용사나 동사에 '화'가 붙은 단어에 '하다'나 '되다'를 덧대는 일은 피하자. 형용사나 동사를 그대로 활용해서 표현하면 된다.

다음 문장을 보자.

▷이 애널리스트는 "올해 GS건설은 약 60억 달러 이상의 해외수주를 달성해 역대 최고 실적을 기록할 것"이라면서 "사우디, 호주, 캐나다, 바레인 등 지역다각화와 복합화력발전, 오일샌드, 에틸렌비닐아세테이

트(EVA), 요소비료 등 공정다각화가 가시화되고 있다"고 분석했다.

'다각화'가 두 번 쓰였다. '가시화되고 있다'는 '보이게 됨'을 뜻하는 '가시화'에 '되고'가 덧붙은 표현이다. '가시화되고 있다'를 '나타나고 있다'로 쓰면 어떨까.

다음 문장에서 '활성화하고'는 '활발해지고'로 바꾸는 게 낫다.

▷법인세 인하의 핵심은 경기부양이다. 감세 주장을 펴는 이들은 법인세율을 내리면 기업투자가 활성화하고 외국자본 유치가 쉬워져 경제성장으로 이어진다고 말한다.

▶법인세 인하의 핵심은 경기부양이다. 감세 주장을 펴는 이들은 법인세율을 내리면 기업투자가 활발해지고 외국자본 유치가 쉬워져 경제성장으로 이어진다고 말한다.

'~화'는 명사형으로 활용된다는 점을 유념하자. 명사에 '화'가 붙어 만들어진 단어는 좀 까다롭다. 이를 다음 두 문장에서와 같이 명사로 쓰면 문제가 없다.

▶민주화에 따라 고양된 인권의식이 그동안 관행처럼 받아들여졌던 이 문제에 눈길을 돌렸다.

▶미스터리 작가 댄 브라운이 《로스트 심벌》의 영화화를 앞두고 영화판

시나리오 집필에 들어간다.

‘~화’ 에 ‘하다’ 를 덧대어 다음과 같이 쓴 문장은 아무리 봐도 깔끔하지 않다.

▷가능하면 원작 7편을 모두 영화화하는 것을 목표로 삼고 일을 진행 중이다.

‘영화화’ 는 ‘영화로 만드는 것’ 이다. 따라서 ‘영화화하는’ 은 ‘영화로 만드는 것을 하는’ 이 된다. 이 문장은 다음과 같이 쓰는 편이 자연스럽다.

▶가능하면 원작 7편을 모두 영화로 만드는 것을 목표로 삼고 일을 진행 중이다.

‘현실화하다’ 라는 표현도 마찬가지다.

▷인도 정부 역시 올해 경제성장률 전망치를 8.5%에서 8.75%로 높이는 등 앞으로의 경제를 낙관적으로 전망했다. 현재까지의 지표만 보면 인도 정부의 기대가 현실화할 가능성도 있다.

▶인도 정부 역시 올해 경제성장률 전망치를 8.5%에서 8.75%로 높이

는 등 앞으로의 경제를 낙관적으로 전망했다. 현재까지의 지표만 보면 인도 정부의 기대가 현실이 될 가능성도 있다.

다음 두 문장에서 '백지화됐다'와 '극대화시켜주는'은 어떻게 고치면 좋을까?

▷경기도 안양시가 구도심권 재개발을 위해 추진 중인 만안뉴타운 사업이 찬반주민들의 갈등만 남긴 채 백지화됐다.
▷행복감을 극대화시켜주는 소비의 전략.

다음과 같이 고치면 된다.

▶경기도 안양시가 구도심권 재개발을 위해 추진 중인 만안뉴타운 사업이 찬반주민들의 갈등만 남긴 채 백지가 됐다.
▶행복을 극대로 하는 소비의 전략.

응용문제 하나. 다음 문구는 어떻게 고쳐야 할까?

▷산업구조가 고도화함에 따라

'고도화'에 '하다'를 덧대고 다시 명사형으로 바꿔 '고도화함'을 얻었다. 명사는 '고도화'로 충분하다. 이 문구는 '산업구조가 고도로 발달함에 따라'로 바꿔 쓸 수 있겠다. '고도화'가 명사임에 이견이 없다면, '산업구조 고도화에 따라'가 가장 좋다.

'~화하다' 대신 '~로 만들다'와 같이 풀어서 쓰는 용례가 많아졌으면 좋겠다.

생각하지 않으면 겹친다

'역전앞'에서 '앞'이 '전'과 겹침을 모르는 이는 별로 없다. 그래도 우리는 개념을 꼼꼼히 따지지 않아서거나 상대방이 잘 알아듣도록 하기 위해서 같은 의미의 단어를 반복하곤 한다. '역전앞'과 비슷한 말로 '동해바다' '약수물' '해변가' '생일날' 등이 있다. 반복되는 단어는 군살과 같다. 몸매도 글도 날렵해야 보기 좋다.

▷비수기 때도

▷기간 중에, 기간 동안에

'비수기 때도'에서 '때'는 앞의 '기'와 겹친다. '비수기에도'가 맞다. '기간(期間)'에서 '간'은 '동안'이나 '중'과 같은 뜻이다. 따라서 '기간 중에'와 '기간 동안에'는 '기간에'로 충분하다.

▷영업사원이 정직원인지 여부도 살펴봐야 한다.

이 문장에서 '여부'는 필요 없다. 그냥 '영업사원이 정직원인지' 살펴보면 된다.

▷교토 상인들은 매일 아침마다 가게의 종업원들을 데리고 복무사항을 큰 소리로 세 번씩 복창한다.
▷매 1000분의 1초마다 3번씩 엔진 세팅 상태를 체크한다.

두 문장에서 '매'와 '마다'가 중복이다. 둘 중 하나를 지워야 한다.

▷그는 하루 평균 4시간을 독서에 투자해 한 달에 40~50여 권의 책을 읽는다.

'40~50권'은 알겠다. 그런데 '40~50여 권'은 뭔가? 59권이 될 수도 있다. 그럼 차라리 범위를 '40~60권'으로 잡는 편이 더 낫지 않을까? 물론 이 문장을 쓴 사람은 그가 한 달에 40~50권을 읽는다고 쓰려고 했겠지만 말이다.

'1만여 명 이상'도 매끄럽지 않은 표현이다. '1만 명 이상'이 좋다. '과반수 이상'과 '약 1000명 정도'도 겹치기 표현이다.

06

기능이 뛰어난가, 기능성이 뛰어난가

접미사 '성'이 명사 밑에 붙으면 그 명사와 관련한 성질이나 경향을 나타내는 단어가 된다. '민족성'은 민족의 특성을 가리키고, '필연성'은 어떤 일이 꼭 일어날 경향을 뜻하며, '정통성'은 정당한 혈통을 물려받았음을 의미한다. '생산성'은 생산과 관련한 성질을 말한다.

'성'을 문제 삼는 건 꼭 필요하지 않은 곳에 척척 들러붙어서다. 예를 들어 '효율'에 '성'을 붙여 '효율성'을 만들 필요는 없다. 효율은 정도를 가리키기 때문에 '성'이라는 개념을 이미 포함한 단어다. '효율성이 좋다'고 말하는 대신 '효율이 좋다'고 하면 된다.

▷덴마크는 EU(유럽연합)에서 가장 높은 에너지 효율성을 보이고 있으며, 효율성은 매년 증가하고 있다.

▶덴마크는 EU(유럽연합)에서 가장 높은 에너지 효율을 보이고 있으며, 매년 효율을 꾸준히 높이고 있다.

다음 문장에서 '기능성' 도 어색하다. 바로 '기능' 이라고 쓰면
된다.

▷지난 2007년 출시된 벙커 탈출 전용 RS웨지는 밑면 소울이 둥글게
만들어져 기능성은 뛰어났지만 골퍼에게 외면받았다.

방향이면 방향이지 '방향성' 은 또 뭔가.

▷이 세 가지 방향성을 유지한다면 바로 업계에서 최고에 서게 될 것이
다. 이 세 가지 방향성은 안정적인 삼각형을 이룬다.
▶이 세 가지 방향을 유지하면 바로 업계에서 최고에 서게 될 것이다.
이 세 가지 방향은 안정적인 삼각형을 이룬다.

'성' 이 붙은 단어 중에 요즘 자주 눈에 띄는 게 '진정성' 이다.
"꾸미지 않고 진정성 있는 모습을 보여주려고 노력하기 때문인
것 같아요."
이것은 "꾸준한 인기의 원동력은 무엇이라고 보나" 는 물음에
한 연예인이 내놓은 대답이다.
인터넷 서점에서 '진정성' 이 제목에 들어간 책을 찾아보자. 다
음과 같은 제목의 책들이 검색된다.

《진정성의 힘: 소비자들이 진정으로 원하는 것은 무엇인가?》

《진정성에 대하여: 행동하는 지성》

《애수: 사랑의 진정성을 되새기게 해주는 순백의 러브스토리》

《새로운 글쓰기와 문학의 진정성》

말은 변한다. 어떤 단어는 쓰이지 않다가 소멸하고, 새로운 단어가 생긴다. 만들어진 지 얼마 지나지 않은 단어는 사전에 없다. 진정성은 생긴 지 얼마 되지 않은 단어다. 진정성은 《표준국어대사전》엔 아직 실리지 않았다. 《연세한국어사전》은 이 단어를 표제어로 올렸지만.

진정(眞正) ① 참되고 올바름. 거짓이 없음. (형용사로도 쓰임) ~한 용기. ② (부사적 용법) 참으로. 바로. 정말.

진정(眞情) ① 거짓이 없는 참된 정이나 애틋한 마음. ② 진실한 사정.

두 단어는 비슷하다. 진정(眞情)에 '마음'이 더 담겼다고 보면 될 듯하다. '진정성'에서 '진정'이라는 단어를 굳이 한자로 구별해 어떤 것이라고 말한 사람은 없다. 그러나 둘 중 어떤 단어에 '성'이 붙어 '진정성'이 만들어졌는지를 골라보라고 하면 아마 대부분 첫째 단어를 고를 것이다.

'진정성'은 '진정함'에 해당하는 한자다. 한자 단어에 더 무게가 실린다고 여겨서인지 '진정성'에 비해 '진정함'은 거의 쓰이지 않다시피 한다.

'진정성'이라는 단어에 태클을 거는 건 갓 만들어져 사전에 등장하지 않았기 때문만은 아니다. 상황이 요구하면 새로운 단어는 얼마든지 만들 수 있다. '진정성'이 탐탁지 않은 건 다른 단어가 버젓이 있는데도 '성'을 붙이는 타성으로 굳이 새로운 단어를 만들어냈기 때문이다.

'진정함' 말고도 '진정성'과 같은 뜻의 단어가 또 있다. 바로 '진실성'이다. '진정성'은 사전에 실리지 않았지만 '진실성'은 사전에 있다. 물론 '진실'에 '성'을 붙인 것처럼 '진정'에도 '성'을 붙일 수 있다. 얼마든지 가능하다. 그러나 '진정성'은 사전을 뒤적이며 기존의 적절한 단어를 찾는 노력 없이 만들어버린 단어라는 점에서 내겐 흔쾌하게 받아들여지지 않는다.

삐딱한 시선으로 보면 안 보이던 홈이 눈에 띈다. '진정성'을 명사로 그대로 쓴 건 그래도 봐줄 만하다. '진정성 있는'처럼 형용사구로 바꾼 다음과 같은 용례는 좋지 않다.

▷때마침 가해자인 일본이 진정성 있는 사과로 단초를 마련했다. 이제는 100년 앞을 내다보고 양국관계를 한 단계 업그레이드할 계기가 필요하다.

‘진정성 있는’ 은 ‘진정함과 관련한 성질이 있는’ 을 뜻한다. 불필요하게 길어진다. ‘진정한’ 이라는 단어가 있는데 굳이 군더더기를 붙인 ‘진정성 있는’ 을 쓸 필요는 없다고 본다.

‘진정성’ 의 용례를 몇 가지 더 살펴보자.

▷여권이 진정성 있게 대안을 제시하며 개헌논의를 제의한다면 성실하게 응하겠다.

▷남북 정상회담에 관한 비밀접촉에도 불구하고 북한의 진정성이 확인될 때까지는 상징적 수준의 대북지원 모드로 간다는 얘기다.

▷결국 미국 내 강경파와 손잡고 한미 FTA 자체를 무산시키겠다는 의도로 해석할 수밖에 없다. 이렇게 진정성이 결여된 상태에서 ‘독소조항’ 운운하는 것도 협정 체결을 방해하려는 구실이라고 보지 않을 수 없다.

▷파업 철회 자세가 그러면 안 되죠. 진정성을 보여주면 교섭을 할 겁니다. 그러나 지금은 아직 진정성이 안 보입니다.

첫째 문장에서 ‘진정성 있게’ 는 ‘진지하게’ 로 쓸 수 있다. 둘째 문장에서 ‘북한의 진정성이 확인될 때’ 는 ‘북한의 진심이 확인될 때’ 로 써도 된다. 셋째와 넷째 문장에서는 ‘진정성’ 대신 ‘진정함’ 이나 ‘진실성’ 이라고 하면 좋겠다.

《정의란 무엇인가》라는 책이 같은 부류의 책 중 공전의 판매기록을 세운 건 우리 사회에 정의가 구현되지 않는 데서 비롯된 상실감의 기층이 그만큼 넓고 두터웠기 때문이라는 풀이가 나왔다. 같은 논리로 말한다면, '진정성'이라는 말이 흔하게 쓰이는 건 '진정'이 드물어진 세태를 반영하는 것이 아닐까.

07

감정임을 알려주는 친절한 '감'

전에 단어 뒤에 '적' 이 남발된 적이 있다. 다음 예문을 보자.

▷가장 합리적인 통일 방안에 대해 응답자의 절반이 정치·군사적 부문과 비정치적 부문에서 동시적으로 대화와 교류를 추진하는 것이라고 답했다.

문장에 들어간 '적' 을 모두 빼고 다시 써 보자.

▶가장 합리적인 통일 방안에 대해 응답자의 절반이 정치·군사 부문과 비정치 부문에서 동시에 대화와 교류를 추진하는 것을 꼽았다.

심지어 '마음으로' 라고 하면 될 것을 가지고 지적으로 보이기 위해 '마음적으로' 라고 표현하는 말이 쓰인 적이 있다. 요새는 마음과 관련한 단어에 '무조건적' 으로 붙는 접미사가 '감' 이다. 이미 기분이나 감정이나 느낌을 표현하는 단어인데 거기에 '감' 을 붙이면 안 된다.

▷세계 1위와 3위 경제대국인 미국과 중국의 경기부양 정책기조 견지
는 석유수요가 감소하지 않으리라는 기대감을 형성했다.

▶세계 1위와 3위 경제대국인 미국과 중국의 경기부양 정책기조 견지
는 석유수요가 감소하지 않으리라는 기대를 형성했다.

▷수능시험을 앞두고 긴장감을 풀기 위해서.

▶수능시험을 앞두고 긴장을 풀기 위해서.

▷실행능력이 점차 감퇴하고 피로감을 자주 느낀다.

▶실행능력이 점차 감퇴하고 피로를 자주 느낀다.

이러다간 '행복'은 물론이요 '분노' '비애' '환희' '절망'
등에도 '감'이 붙을지 모르겠다.

이해 안 되면 글 탓

〈포브스코리아〉 같은 라이선스 매거진은 계약에 따라 대가를 치르고 본판의 기사를 번역해 쓴다. 이런 매거진은 번역한 본판 기사와 국내에서 취재해 쓴 기사를 적절히 섞고 편집해 제작한다.

나는 〈포브스코리아〉에서 일할 때 번역원고가 원문에 충실한지 점검하는 업무도 맡았다. 처음에는 영어 원문과 번역된 한글 원고를 대조하면서 읽었다. 시간이 많이 걸렸다. 좀 지나자 꾀가 생겼다. 한글로 번역된 원고만 꼼꼼히 읽으면서 고쳤다. 문맥상 연결되지 않는 문장이 나오거나 문장의 뜻이 와 닿지 않을 때에만 영어 원문을 찾아 확인했다. 그렇게 해서 업무완성도를 유지하면서 시간을 절약했다.

글을 이해할 수 없는 경우를 보면 원인이 나의 지적 능력 부족에 있는 게 아니라 글이 잘못 쓰인 데 있는 경우가 적지 않다. 그런데 우리는 종종 뜻을 수긍하지 못하면서도 전해 내려온 말을 그냥 쓴다. 세 가지 사례를 들겠다. 글은 뜻을 전하는 수단이다. 독자께

서는 이 장에서 제시되는 사례를 타산지석 삼아 뜻이 불분명한 말

을 쓰지 않도록 유념하시길.

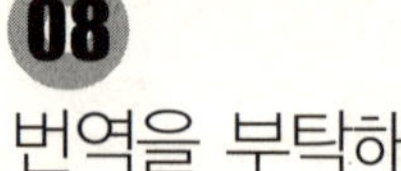

번역을 부탁해

소설 《엄마를 부탁해》(신경숙)에 대한 미국 교수의 신랄한 비평이 미국 공영 라디오방송 NPR의 전파를 탔다. 모린 코리건 조지타운 대학 교수는 청취자들에게 "김치 냄새 나는 '클리넥스 소설' 이 주는 값싼 위로에 기대지 말라"고 충고했다.

국내 언론은 이 교수의 라디오 서평 제목을 대체로 '대도시로 가는 죄책감 여행' 식으로 붙였다. 이해되지 않는 제목이었다. 소설에서 대도시로 여행을 떠난 사람은 어머니다. 서울역에서 어머니가 실종됐고, 죄책감에 괴로워한 이들은 자녀들이다. '죄책감' 이 '(어머니의) 여행' 을 수식하는 관계는 영 이상하다.

납득할 수 없는 탓은 번역에 있다. 영어 제목은 'A Guilt Trip To The Big City' 다. 그러나 여기서 'A Guilt Trip' 은 '죄책감을 갖게 하려고 하는 말' 을 뜻한다. 예를 들어 다음과 같이 쓰인다.

Don't lay a guilt trip on your child about schoolwork.
자녀에게 학교 공부에 대해 죄책감을 갖도록 하는 말을 하지 말라.

결국 코리건 교수의 서평 제목은 '대도시가 죄책감을 갖도록 하는 말' 또는 '대도시에 죄책감을 안겨주는 이야기' 쯤 되겠다.

무등산은 왜 무등산?

"나는 처음으로 무등산(無等山)이 등급이 없는 산을 뜻한다는 생각을 해보게 되었다. (중략) 등급이 없는 산, 그래서 엎드려 사는 사람들의 산이라는 생각을 해보지 못했다."

이는 다음 시를 읽은 감상문이다.

어머니 나는 법관이 될래요 / 독학으로 무등산 거목이 될 거예요 / 가난이 무슨 부끄러움인가요 / 지금은 무등산 무허가 초막에 살지만 / 기러기떼 날아가는 어느 날엔가 / 햇빛 쨍쨍한 마당 전나무숲 아래 / 시름 많은 사람들 오고가게 할래요 / 근심 많은 사람들 찾아오게 할래요 …

다른 시인은 다음과 같이 노래했다.

무엇 하나 뽐내지 않고 오로지 둥글둥글한 평상심의 무등.

하지만 단 한 번도 비굴하게 고개 숙여본 적 없는 영구 지존의 무등.

이 무등 있어 무등 아래의 삶 고단하건만 드높다.

이 무등 있어 무등 평등의 날이 기필코 오고 있다.

이 무진 무궁의 무등 있어 무등 오르는 길이 있다.

이들 시는 '무등'을 '등급이 없는'으로 풀이했다. 그러나 해발 1187m에 이르는 큰 산 이름을 '등급이 없다'는 뜻으로 지을 리는 없지 않을까.

무등산 이름의 유래를 《한시미학산책》에서 정민 교수는 다음과 같이 설명한다.

이 산은 전에 '서석산(瑞石山)'으로 불렸다. '상서로운 돌산'이라는 뜻이다. 이 뜻을 우리말로 적은 산 이름이 '무돌산'이었다. 무돌산을 다시 한자로 쓰면서 무등산(無等山)이 된 것이다. 따라서 '하도 좋아 등급을 매길 수 없는 산'이라거나 '들쑥날쑥하지 않고 펑퍼짐한 산'이라는 무등산의 뜻풀이는 근래의 것이다.

정민, 《한시미학산책》, 솔, 1996

알쏭달쏭한 번역의 문제

옛 가요 〈빈대떡 신사〉엔 '돈 없으면 집에 가서 빈대떡이나 부쳐 먹지'라는 가사가 있다. 빈대떡은 가난한 사람, 서민의 음식이라는 인식이 밴 가사다. 어떤 사람은 그 유래를 다음과 같이 설명한다.

1924년 나온 《조선무쌍신식요리제법》에 빈대떡이란 말이 나온다. 빈대떡에 병기(竝記)된 한자어가 '빈자병(貧者餠)'이다. 한자어 빈자병이 빈대떡으로 발음된 셈이다. 빈대떡이란 말이 가난한 사람들이 먹는 음식이었던 '빈자(貧者)떡'에서 유래했다는 설(說)이 있는 이유다.

그럴듯하나, 실은 그렇지 않다. 빈대떡은 중국에서 들어온 외래어였다. 빈자(貧者)와는 아무런 연관이 없다. 《국어 어휘론 신강》에서 심재기 교수는 "빈대떡은 중국산 외래어"라며 "이 사실은 조선 숙종 시절인 1690년에 사역원에서 간행한 중국어 학습용

어휘집《역어유해(譯語類解)》에서 확인된다"고 설명한다. 이 어휘집《역어유해》의 표제어 중 빙저(餠䭔)가 있다. 이 단어가 '역전앞' 처럼 '빙자떡' 이 됐고, 빙자떡은 빈자떡을 거쳐 빈대떡으로 구워졌다.

심재기,《국어 어휘론 신강》, 태학사, 2000

중국 초(楚)나라의 시인 굴원(屈原)은 만년에 정치적으로 불운하게 됐다. 굴원은 방랑하며 짐짓 술에 취해 춤을 추면서 저를 몰라주는 세상을 비웃었다. 이런 굴원의 이야기로부터 스스로 자랑하는 사람을 가리키는 '굴원이 제 몸 추듯' 이란 속담이 생겨났다. 《국어 어휘론 신강》을 쓴 심재기 교수는 아래와 같이 설명한다.

굴원의 고사를 모르는 사람들이 '굴원이'를 '구렁이'로 듣고 말하면서 속담은 '구렁이 제 몸 추듯'으로 바뀌었다. 그런데 '구렁이 제 몸 추듯'으로는 원뜻이 전달되지 않았다. 그래서 이번에는 일을 어물쩍 처리한다는 뜻으로 뒤집으면서 표현도 바꿔 '구렁이 담 넘어가듯' 이라는 속담을 만들었다.

심재기, 《국어 어휘론 신강》, 태학사, 2000

글은 논리다

말은 의미를 전하는 수단이다. 글은 말을 저장해 시간과 공간을
넘어 전하는 도구다. 의미가 분명하지 않은 글은 제 구실을 못하
는 글이다. 우리는 무슨 내용인지는 이해되지만 뭔가 개운치 않은
문장을 간혹 만난다. 우리는 또 뜻은 통하지만 어법에 맞지 않은
문장도 마주친다. 그런 문장은 그 속에 담긴 의미를 독자에게 온
전히 전하지 못한다.

11

'모든' 과 '어떤'

▷모든 물건에 손대지 마시오.

뭔가 어색한 문장이다. 어디가 잘못 됐을까?

▶어떤 물건에도 손대지 마시오.

이렇게 쓰는 게 옳을 듯하다.

영어로는 'Do not touch anything' 이겠다. 'Do not touch all things' 가 아니라.

'모든' 은 어법상 긍정문에 쓰인다. 신문기사에서 예문을 찾아 봤다.

▶모든 종교는 신학과 영성의 두 면을 갖고 있다.

▶모든 걸 먹어치우고도 성에 차지 않았던 에리직톤은 팔다리부터 시작해 제 몸을 모두 뜯어먹었다.

▶모든 작전에 독립된 명칭을 붙이기 좋아한 리지웨이 8군 사령관은
이번 작전을 '울프하운드(늑대를 사냥하는 개)'로 명명했다.

이걸 중학교 때 배운 논리로 확인해보자.

논의를 단순화해 a, b, c 세 가지 물건이 있다고 하자. 세 가지 물
건에 손대는지 여부로 나눈 경우는 아래와 같이 8가지다. 손대면
O, 손대지 않으면 ×로 표시한다.

	a	b	c
①	O	O	O
②	O	O	×
③	O	×	O
④	O	×	×
⑤	×	O	O
⑥	×	O	×
⑦	×	×	O
⑧	×	×	×

모든 물건에 손대는 경우는 ① 하나다. '모든 물건에 손대지'
않은 경우는 ②부터 ⑧까지 7가지다.

이걸 논리를 표시하는 형식으로 적으면 아래와 같다. 'a에 손댄

다'를 'a손', 'a에 손대지 않는다'를 '~a손' 식으로 적기로 한다.

모든 물건에 손댄다 = a손 & b손 & c손

모든 물건에 손대지 않는다 = ~(a손 & b손 & c손)

= ~a손 or ~b손 or ~c손

세 가지 물건 중 어느 하나에라도 손대지 않으면 '모든 물건에 손대지 마시오' 라는 요구에 부응한다. 이는 위의 설명과도 일치한다.

'어떤 물건에도 손대지 마시오' 는 다음처럼 표시할 수 있다.

~(a손 or b손 or c손) = ~a손 & ~b손 & ~c손

세 가지 중 어느 하나에도 손대면 안 된다는 말이다.

영어 예문을 찾아보았다.

▶Not all bubbles present a risk to the economy. (모든 버블 (근거 없는 자산가치 상승)이 경제에 위험요인이 되는 건 아니다.)

▶But not all economists are wealthy, nor is personal wealth the goal of the discipline. In a similar vein, not all doctors are healthy, not all carpenters live in perfectly built homes. (그러나 모든 경제학자가 부유한 것은 아니고, 경제학의 목표가 개인적인 부도 아니다. 비슷한 맥락에서 모든 의사가 건강한 것은 아니고, 모든 목수가 완벽하게 지어진 집에서 살지도 않는다.)

12

'때문'과 '까닭'

'때문'과 '까닭'은 둘 다 인과관계를 나타내는 데 쓰인다. 그러나 용례는 상반된다. '때문'은 읽는 순서대로 원인과 결과를 연결하므로 '어떤 원인 때문에 이런 결과가 발생했다'는 식으로 쓰인다. 반면 '까닭'은 '이런 결과가 발생한 까닭은 어떤 원인'이라고 쓰인다.

▶사랑하기 때문에 결혼한다. (O)

▶헤어진 까닭은, 역설적이게도, 지독한 사랑이었다. (O)

잘못 쓰인 용례는 대개 '때문'이 있어야 할 자리에 '까닭'이 놓인다. 예컨대 '사랑한 까닭에 결혼한다'는 식으로 쓴다.

▷종합보험에 가입한 까닭에 피해 택시의 운전사에게 추후 피해보상을 약속했으나, 이 운전사는 막무가내로 "경찰서로 가자"고 우기고 나섰다.

▶종합보험에 가입했기 때문에 피해 택시의 운전사에게 추후 피해보상을 약속했으나, 이 운전사는 막무가내로 "경찰서로 가자"고 우기고 나섰다.

▷신정연휴 마지막 날인 4일에는 귀경 스케치와 연휴기간 중 사건 종합정리가 필요한 까닭에 OOO, XXX 등 경찰기자 2명이 당직근무에 나섰다.

▶신정연휴 마지막 날인 4일에는 귀경 스케치와 연휴기간 중 사건 종합정리가 필요했기 때문에 OOO, XXX 등 경찰기자 2명이 당직근무에 나섰다.

▷단절된 남북관계가 조만간 복원될 기미는 보이지 않는다. 사과와 책임자 처벌, 그리고 재발방지 약속에 관한 남한의 요구에 북한이 귀를 기울이지 않고 있는 까닭이다.

▶단절된 남북관계가 조만간 복원될 기미는 보이지 않는다. 사과와 책임자 처벌, 그리고 재발방지 약속에 관한 남한의 요구에 북한이 귀를 기울이지 않고 있기 때문이다.

▷우선 적십자가 나서야 한다. 적십자는 전쟁터에서도 피아를 구분하지 않고 인도적 지원을 하는 국제적 단체인 까닭이다.

▶우선 적십자가 나서야 한다. 적십자는 전쟁터에서도 피아를 구분하지

않고 인도적 지원을 하는 국제적 단체이기 때문이다.

▷우리는 MS가 수많은 직원을 통해 윈도를 만드는 것으로 알고 있지만 이 회사의 플랫폼에는 수많은 '이방인'들이 있다. 무려 3만 8338개사에 소속되어 있는 600여만 명의 프로그래머가 '같이' 일하는 것이다. 이 'MS 네트워크'를 유지하고 강화하는 데 투자하는 돈만 일년에 10억 달러(약 1조 4000억 원)에 달하지만, 효과는 더 크다. 여기서 나오는 매출이 MS 매출의 100배쯤 되는 까닭이다. MS는 여기서 이 모든 네트워크를 움직이는 키스톤(Keystone) 역할을 한다. 다 같이 힘을 합해, 다 같이 사는 생태계 구조다.

▶(…) 이 'MS 네트워크'를 유지하고 강화하는 데 투자하는 돈만 일년에 10억 달러(약 1조 4000억 원)에 달하지만, 효과는 더 크다. 여기서 나오는 매출이 MS 매출의 100배쯤 되기 때문이다. (…)

▷이 사회생물학 개념이 요즘 정치사회 분야는 물론 기업경영에서도 호응을 얻고 있다. 우리가 살아가고 있는 환경 또한 이 생명의 질서 속에서 형성되었고, 되고 있는 까닭이다.

▶이 사회생물학 개념이 요즘 정치사회 분야는 물론 기업경영에서도 호응을 얻고 있다. 우리가 살아가고 있는 환경 또한 이 생명의 질서 속에서 형성되었고, 형성되고 있기 때문이다.

헷갈리지 않으려면 '까닭' 자리에 '이유' 를 넣어서 읽어보자. 이상함이 바로 드러난다. 또는 '까닭' 이 들어간 문장을 '그래서' 로 시작한 뒤 '까닭' 이 들어간 문구를 지워보자.

▷이 사회생물학 개념이 요즘 정치사회 분야는 물론 기업경영에서도 호응을 얻고 있다. 그래서 우리가 살아가고 있는 환경 또한 이 생명의 질서 속에서 형성되었고, 형성되고 있다.

그 결과가 이상하면 '까닭' 을 잘못 썼기 때문이다(잘못 쓴 까닭이 아니다).

문단의 끝을 '~한 이유다' 라고 끝내는 경우도 있다. '~한 까닭이다' 와 같은 용례다. 이런 경우에는 '그래서' 로 시작하고 '이유' 를 잘라내도 무방하다.

▶아난티클럽서울은 골프장이다. 잔디밭이 설원으로 변하는 겨울엔 폐장할 수밖에 없다. 골프장 주위에 개썰매장을 만들어 겨울 액티비티 프로그램을 마련한 이유다.

▶아난티클럽서울은 골프장이다. 잔디밭이 설원으로 변하는 겨울엔 폐장할 수밖에 없다. 그래서 골프장 주위에 개썰매장을 만들어 겨울 액티비티 프로그램을 마련했다.

사족으로 내는 퀴즈! 다음에서 어색한 부분을 집어내시오.

▷기자 초년병 시절 과거시제의 문장을 쓸 때마다 스트레스를 받았다. 예를 들어 '했다' '갔다'로 문장을 마치면 데스크는 어김없이 '했었다' '갔었다'로 고쳐 출고한 때문이다.

일단 '때문'은 맞다. 그런데 '때문'은 '~하(이)기 때문'이나 '~했(였)기 때문'으로 쓰인다. '~한(인)'은 '까닭'과 어울린다. '고쳐 출고한 때문이다'에서 '때문'은 맞지만 그 앞의 '고쳐 출고한'은 '까닭'과 어울리는 형태다. '고쳐 출고했기 때문이다'가 자연스러운 표현이다.

13

이유는 때문?

▷역합병 중국 주식이 위험한 이유는 중국 기업에도 문제가 있지만 그에 못지않게 미국 기업에도 문제가 있기 때문이다.

▷정부가 이렇게 대대적인 의료개혁에 나서고 있는 이유는 전 국민 의료보험 확대와 의약품 이용 관련 시스템 개선이 절실하기 때문이다.

▷글로벌 인적자원 전문 컨설팅회사인 ECA 인터내셔널이 최근 '2010 세계 생활비 순위'를 발표했다. ECA 인터내셔널이 발표한 '생활비가 많이 드는 세계 240개 도시' 중 중국 도시는 15개가 포함됐다. 일반적으로 물가가 싸다고 알려진 중국에서 이렇게 여러 도시가 이 리스트에 포함된 주요 이유는 비싼 주거비용 때문이다.

'이유는 ~이다'라고 말하거나 쓸 때 물결(~) 자리엔 다음과 같이 원인에 해당하는 단어나 구, 절이 와야 한다.

▶역합병 중국 주식이 위험한 이유는 해당 중국 기업의 취약한 재무상태다. 이 밖에 미국 기업이 안고 있는 문제도 이유로 들 수 있다.

▶이유는 비싼 주거비용이다.

▶이유는 주거비용 상승이다.

▶이유는 부동산 투기 열풍으로 집값과 주거비용이 급증한 것이다.

위의 세 번째 예문의 끝부분에서 '이렇게 여러 도시가'로 시작하는 문장은 다음과 같이 바꿔도 된다.

▷이렇게 여러 도시가 이 리스트에 포함된 주요 이유는 비싼 주거비용 때문이다.

▶비싼 주거비용 때문에 이렇게 여러 도시가 이 리스트에 포함됐다.

▶이렇게 여러 도시가 이 리스트에 포함된 것은 비싼 주거비용 때문이다.

▶이렇게 여러 도시가 이 리스트에 포함된 것은 주거비용이 비싸서이다.

'이유는 ~때문' 또는 '원인은 ~때문'이라는 문장은 원인을 중복으로 지칭하는 형식이어서 바람직하지 않다. '이유는 ~한 때문' 또는 '원인은 ~한 때문'은 원인을 중복으로 지칭하는데다가 문법적으로도 '~한' 부분이 명사나 명사구, 명사절이 아니라서 맞지 않다.

이런 실수는 영어를 쓰는 사람도 종종 저지른다. 구글을 검색하면 오류를 지적하고 바로잡는 설명이 많이 나온다. 예를 들어보자.

▷The reason we were late is because there was an accident on Interstate 26. (x)

▶The reason we were late is that there was an accident on Interstate 26.(o)

▶The reason we were late is an accident on Interstate 26. (o)

▶We were late because there was an accident on Interstate 26. (o)

우리말로 옮기면 다음과 같이 된다.

▷우리가 늦은 원인은 26번 주간도로에서 사고가 났기 때문이다. (x)

▶우리가 늦은 원인은 26번 주간도로에서 사고가 난 것이다. (o)

▶우리가 늦은 원인은 26번 주간도로에서 난 사고다. (o)

▶우리가 늦은 것은 26번 주간도로에서 사고가 났기 때문이다. (o)

다른 예를 들어보자.

▷The reason he's never been in a car accident is

because he adheres to the traffic rules, not because he's an F1 driver. (x)

▶The reason he's never been in a car accident is that he adheres to the traffic rules, not that he's an F1 driver. (o)

▶He's never been in a car accident not because he's an F1 driver, but because he adheres to the traffic rules. (o)

우리말로 옮겨보자.

▷그가 교통사고를 한 번도 안 당한 이유는 그가 F1 드라이버이기 때문이 아니라 운전수칙을 잘 지키기 때문이다. (x)

▶그가 교통사고를 한 번도 안 당한 이유는 그가 F1 드라이버라는 것이 아니라 운전수칙을 잘 지킨다는 것이다. (o)

▶그가 교통사고를 한 번도 안 당한 건 그가 F1 드라이버여서가 아니라 운전수칙을 잘 지켜서이다. (o)

비슷한 이유로 다음 두 개의 예문도 어색하니 고쳐 써야 한다.

▷이순신이 한산해전에서 적을 넓은 바다로 유인하여 섬멸한 이유 중 하나도 적의 패잔병들이 육지로 도망가는 것을 어렵게 함으로써 우리

주민들을 보호하기 위해서였다.

▶이순신이 한산대전에서 적을 넓은 바다로 유인하여 섬멸한 데에는 여러 가지 이유가 있었다. 그중 하나는 적의 패잔병이 육지로 도망가기 어렵게 함으로써 우리 주민을 보호하는 것이었다.

▷자동차 업계는 더 냉정해질 필요가 있다. 올해 자동차 시장이 빠르게 발전한 요인은 정부의 내수확대 정책에 기인한 것이다.

▶올해 자동차 시장이 빠르게 발전한 요인은 정부의 내수확대 정책이다.

▶올해 자동차 시장이 빠르게 발전한 요인은 정부의 내수확대 정책에서 찾을 수 있다.

▶올해 자동차 시장의 빠른 발전은 정부의 내수확대 정책에 기인했다.

▶올해 자동차 시장이 빠르게 발전한 것은 정부의 내수확대 정책 덕분이다.

14

저는 제가 ~하도록 하겠습니다

나는 글을 잘 쓰지 못했다. 초등학교 때 일기쓰기와 독후감 숙제는 고역 중에 고역이었다. 방학 끝 무렵 벼락치기로, 그것도 정말 성의 없게 써서 냈다. 나는 글짓기 또한 잘하지 못했고 싫어했다. 글짓기라는 단어부터 마뜩지 않았다. 나는 글짓기가 '글을 지어내는 것'이라고 생각했다. 글짓기의 '짓기'가 '거짓을 지어내기'의 '지어내기'가 아니라 '집을 짓기'의 '짓기'와 같은 말임을 안 것은 한참 뒤의 일이었다. 업으로 글을 쓰는 일을 하면서 비로소 글을 지을 때에도 집을 지을 때처럼 뼈대를 잡아 올리고 필요한 요소를 깔고, 이어 장식하고 마무리하는 과정을 거쳐야 함을 알게 됐다.

그런 학생이었던지라 나는 초등학교 5학년에 이르러서야 일기가 '나는 오늘'로 시작하는 게 아니라는 조언이 귀에 들어왔다. 학급 전체를 대상으로 한 담임선생님의 그 말씀이 기억나는 건 분명 내가 그때까지도 일기를 '나는 오늘'로 시작했기 때문이리라.

우리말에서는 자주 주어가 생략된다. 성미 급한 민족이라서 뜻이 통하면 주어는 건너뛰고 말한다. 주어 중에서 '나'는 특히 덜 쓰인다. 겸양을 미덕으로 치는 문화 때문이겠다. '나' 없이 말하다보니 '나'를 넣어보면 이상함을 금세 알 수 있는 종류의 실수가 생겼고 반복되고 있다.

▷오늘 여러분을 만나 뵙게 되어 정말 반갑습니다. 또 강의 기회를 주신 회사 관계자 여러분께도 감사하다는 말씀을 드리면서 강의를 시작하도록 하겠습니다.

▷저 또한 회사의 꿈과 임직원들의 꿈이 함께 이루어질 수 있도록 최선을 다하도록 하겠습니다.

▷저는 마취과 의사 OOO입니다. 마취 경력은 15년 됐습니다. 수술이 걱정되시겠지만 안전하게 마취를 하도록 하겠습니다.

▷신임 감독답게 당돌하게 최선을 다하도록 하겠습니다. 올해 목표는 우승으로 잡겠습니다.

첫 문장에 나오는 '강의를 시작하도록 하겠습니다'에 생략된 주어를 넣어보자. '나는 강의를 시작하도록 하겠습니다.' 강의를 시작하는 주체는 '나'다. 그러므로 이 문장은 '나는 내가 강의를 시작하도록 하겠습니다'가 된다. 다른 세 개의 문장도 마찬가지다. '~하도록 하겠다'는 다음 문장처럼 누군가 다른 주체가 있는 경우에 쓰는 표현이다.

▶이번 조치는 은퇴자가 계속 일을 하도록 (유도)하는 긍정적인 면이

있지만 소득이 꽤 있는 사람의 혜택이 늘어나는 문제도 있다.

　　요즘 방송의 사회자 중 상당수가 "시작하도록 하겠습니다"라고

말한다. 이제는 그냥 "시작하겠습니다"라는 제대로 된 말이 나올

때도 됐다.

누구나 다 알게 된 '극비'

인피니언도 하이닉스 인수 채비 나서

슈마허 사장 2월 1일 극비 방한

D램업계 4위인 독일 인피니언의 울리히 슈마허 사장이 하이닉스반도체와 제휴 협상을 벌이기 위해 1일 극비 방한한다. …

어느 해 1월 31일에 제작된 한 경제신문의 1면에 실린 기사다. 슈마허 인피니언 사장이 남몰래 방한할 예정이라는 사실을 매체 중 유일하게 알아내어 보도함을 강조하기 위해 '극비'라는 단어를 넣었다.

기자의 첫째 사명은 중요한 사실을 먼저 취재해 다른 매체보다 앞서 알리는 일이다. 그래서 기자는 '첫 보도', 언론계에서 쓰는 말로는 '단독보도'에 많은 걸 건다. 나도 '극비 방한' 건을 단독보도한 적이 있다. 1997년 11월 16일에 미셸 캉드쉬 국제통화기금(IMF) 총재가 극비리에 방한해 한국에 IMF 구제금융을 지원하기로 한국 정부와 합의한 사실을 세계에서 처음으로 보도했다.

당시 IMF행을 피할 여러 필요조건은 갖췄지만 충분조건을 채우지 못한 한국경제는 동남아에서 북상하는 금융위기의 태풍에 무방비로 노출돼 있었다. 몇몇 매체가 'IMF 구제금융 신청할 듯'이란 기사를 내보냈다.

1997년 11월 20일. 강경식 경제부총리 겸 재정경제원 장관과 김인호 경제수석이 경질된 다음날이었다. 당시 나는 일간지 경제부 기자로 일하고 있었다. 그날 해야 할 일을 마치고 퇴근하려다 혹시나 하는 마음에 한 취재원에게 전화를 걸었다. 그는 귀가 번쩍 뜨이는 제보를 던졌다.

"백 기자, 게임 끝났어. 지난 주말에 캉드쉬가 다녀갔어."

강경식 전 부총리 집에 확인전화를 걸었다. 부산에 내려갔다고 했다. 부산 집에 전화했다. 강 전 부총리가 받았다.

"캉드쉬 총재가 지난 주말 서울에 왔습니까?"

"물러난 사람으로서 할 말이 없습니다."

짐을 챙겨 귀가했다. 처는 네 살과 두 살짜리 두 아들 뒤치다꺼리에 녹초가 된 모습이었다. 거실로 들어서며 처에게 말했다. "오늘 중요한 일 있어. 안방에서 일 좀 할게."

안방 문을 걸어 잠그고 기사부터 썼다. '미셸 캉드쉬 IMF 총재 극비리 방한. 구제금융 합의. 구체적인 조건만 남음.' 이런 요지였다. 재경원에 같이 출입하는 선배와 후배에게 연락했다. 사실 확인을 요청하기 위해서였다. 선배와 후배는 마침 과천을 떠나지 않은 상태였다.

과천 청사에 재경원 간부들도 퇴근하지 않고 남아 있었다. 그 간부들은 그러나 확인해주길 꺼렸다. 일찍 귀가한 데스크 집에도 전화를 걸었다. 데스크는 "알아서 처리하라"고 했다. 야근 국장에게 보고했다. 야근 국장이 "확실하냐?"고 물었다. 잠시 망설였다. '전면 부정한 사람이 하나도 없다.' 리스크를 감수하고 베팅을 해야 할 때라고 판단했다. "네!"라고 대답했다. 기사를 출고했다. 새벽 1시 50분. 기사는 1면 중간에 실렸다.

다음날인 11월 21일 과천 청사 기자실로 출근하니 재경원 출입기자들이 삼삼오오 모여 구수회의를 하고 있었다.

"설마 왔다 갔겠어?"

"전화통화는 했을지 모르지만."

이런 분위기는 그날 〈연합뉴스〉 보도에서 확인된다. 〈연합뉴스〉는 다음과 같이 보도했다.

〈확대경〉 IMF 총재 국내방문 했나 안 했나

(기사입력 1997-11-21 12:07)

미셸 캉드쉬 IMF(국제통화기금) 총재가 최근 우리나라를 극비리에 방문, 강경식 전 부총리를 만났는지 여부를 둘러싸고 추측이 무성.

재정경제원의 한 관계자는 "10일 전쯤에 캉드쉬 총재가 방한해 강 전 부총리를 단독으로 만난 것으로 알고 있으나 구체적인 내용은 알려지지 않고 있다"고 말해 그의 비밀스런 방한이 사실임을 주장.

이에 따라, 캉드쉬 총재가 직접 다녀갔다면 IMF 구제금융 신청 방침은 이미 오래전에 결정됐고 지금은 구체적인 지원조건을 놓고 줄다리기를 벌이고 있는 것 아니냐는 추측을 낳고(추측이 나오고) 있다.

그러나 정작 강 전 부총리의 모든 공식 및 비공식 일정을 체크했던 박병원 비서실장은 이를 강력 부인해 그의 방한설이 설득력을 잃고 있다. … IMF 파견근무를 오랫동안 지낸(했던) 고위관계자도 "IMF 총재는 해외에서 국가원수급 대우를 받기 때문에 극비리 방문하는 것은 있을 수 없다…"며 방문 가능성을 일축.

나는 〈로이터〉 기자에게 "내 보도가 맞으니 얼른 확인하고 출고하라"고 말했다. 그래서 영어로는 〈로이터〉가 이 소식을 세계 최초로 보도했다.

캉드쉬 총재의 방한 소식은 〈연합뉴스〉의 보도를 보면 알 수 있듯이 단순한 동정기사가 아니었다. 캉드쉬의 방한은 한국 정부가 IMF 구제금융을 받기로 결정했음을 구체적으로 확인해주는 사실이었다. 그래서 큰 기사였다.

내가 쓴 '극비 방한' 기사와 위에서 예로 든 '극비 방한' 기사는 차이가 크다. 기사의 경중을 따지고자 하는 게 아니다. 내 기사는 극비리에 벌어진 '과거 일'을 다뤘다. 캉드쉬의 방한은 극비리에 이뤄졌다. 그 뒤에 아무리 대서특필해도 그의 방한이 '극비 방한’이라는 사실엔 변함이 없다.

그러나 슈마허 사장의 ‘극비 방한’은 예정된 일이었다. ‘수많은 독자’를 자랑하는 신문이 보도하는 순간 그의 방한일정에 걸렸던 보안이 다 깨진다. 수백만 명이 알게 된다. 따라서 그의 방한은 공개된 방한이 된다. 언론사가 아닌 쪽에서 누출을 극도로 경계하면서 정보를 몇몇 사람에게만 제공한다면 그 때엔 ‘슈마허 사장이 극비리에 방한한다’는 말에서 모순이 발생하지 않는다. 이는 몇몇 사람에게만 귀엣말로 소식을 전하는 경우다. 그러나 확성기를 입에 대고 목청껏 ‘오늘 슈마허 사장이 극비리에 방한한다’고 하는 건 좀 이상하다. 외치는 순간 ‘극비’가 깨진다.

물론 ‘극비’를 ‘방한’과 연결해 풀이하지 않고 ‘우리 매체가 입수한 매우 비밀스런 사실’임을 강조하기 위해서 넣은 단어라고 너그럽게 받아들일 수도 있겠다. 그러나 미디어에서 강조하기 위해 사용하는 수식어는 군더더기일 때가 많다. 사실에는 힘이 있다. 힘이 있는 사실은 스스로 자신을 확산한다. 슈마허 사장이 방한한다는 사실이 중요하고 독자의 눈이 번쩍 뜨이게 하는 것이라면 ‘극비’라는 말을 붙이지 않아도 엄청난 파급력으로 전파된다.

4장

어미가 기가 막혀

우리말은 어미가 발달했다. 어미에 따라 문장 전체의 뜻이나 느낌이 달라진다. 《춘향전》에서 몇 문장을 인용한다.

▶숙종대왕 즉위 초에 성덕이 넓으시어 대대로 어진 자손이 끊이지 않고 계승하시니 아름다운 노래 소리와 풍요로운 삶이 비할 데가 없도다.

▶든든한 충신이 좌우에서 보필하고 용맹한 장수가 용과 호랑이가 에워싸듯 지키는구나.

▶가까운 친척 하나 없는 우리 신세에 조상 제사 누가 지내며 죽은 후 장사는 어찌하리. 명산대찰에 기도나 하여 아들이든 딸이든 낳게 되면 평생 한을 풀 것이니 그대의 뜻이 어떠하오?

▶공든 탑이 무너지며 심은 나무 꺾일쏜가.

▶이때는 오월 오일 갑자시라.

▶갈 곳을 모르다가 두류산 신령께서 부인 댁으로 가라고 지시하기로 왔사오니 어여삐 여기소서.

▶그 사랑함을 어찌 다 말하리오.

▶칠팔 세 되자 서책에 맛을 붙여 예의 정절을 일삼으니 칭송하지 않는 사람이 없더라.

▶제 어미는 기생이오나 춘향이는 도도하여 기생 구실 마다하고 온갖 꽃이며 풀이며 글자도 생각하고, 여자의 재질이며 문장을 겸비하여 예사 처자와 다름이 없나이다.

옛 사람은 이렇듯 다채로운 어미를 구사하면서도 뜻에 어긋남이 드물었도다. 요즘은 어떠한가. 그 많던 어미를 쓰지 않게 됐음에도 그마나 남은 어미마저 제대로 쓰지 못할새, 이 안타까움을 어찌 다 말하리오. 여기 어법에 맞지 않는 몇 가지를 들어 보이니, 사리를 분별하는 모든 사람은 장차 유의해 올바른 표현에 힘쓰기를.

16

과거형 어미변화의 돌연변이

먼저 다음 문장을 보자.

▷이 책은 지난 1월 열렸던 다보스 포럼에서 오간 얘기를 정리한 것이
다.

'~던'은 어떤 일이 중단됐음을 나타내는 어미다. '최근 그는
몇 년 전에 읽던 《잭 아저씨네 작은 커피집》을 다시 보고 있다'는
문장은 그가 그 책을 그때 다 읽지 않았음을 시사한다. 다 읽었다
면 '몇 년 전에 읽은'으로 쓰는 게 적절하다. '녹음 우거졌던 뒷
산이 온통 빨갛고 노랗게 변했구나'에서 뒷산은 한때 푸르렀지만
이젠 그렇지 않다. 또 '나를 사랑한 스파이'와 '나를 사랑했던 스
파이'를 놓고 보면 '던'이 들어간 구절은 '이제는 사랑하지 않는
다'는 뜻을 더 드러냄을 알 수 있다.

위에서 든 문장에서 다보스 포럼은 열리다 만 게 아니다. 따라
서 '열렸던'은 '열린'으로 써야 맞다. '오간'은 맞게 쓰였다.

'오갔던'이 아니다. 이를 고려할 때 다음 여러 문장에서도 '던'이
잘못 쓰인 것임을 알 수 있다.

▷내가 태어나던 해에 영주는 성인이 됐다.

▶내가 태어난 해에 영주는 성인이 됐다.

▷나는 현대자동차가 엑셀(Excel)이란 이름의 소형차를 5000달러도
안 되는 가격으로 수출했던 1986년에 바로 이 차를 수출하는 업무로
직장생활을 시작했다.

▶나는 현대자동차가 엑셀(Excel)이란 이름의 소형차를 5000달러도
안 되는 가격으로 수출한 1986년에 바로 이 차를 수출하는 업무로 직
장생활을 시작했다.

▷다른 작가들이 20대 중후반에 신춘문예를 통해 문단에 얼굴을 내밀
었던 데 반해 이들은 여러 차례 낙방의 고배를 마신 뒤 30대를 훌쩍
넘어서고 나서 71년도에 나란히 등장했다.

▶다른 작가들이 20대 중후반에 신춘문예를 통해 문단에 얼굴을 내민
데 반해 이들은 여러 차례 낙방의 고배를 마신 뒤 30대를 훌쩍 넘어서
고 나서 71년도에 나란히 등장했다.

▷모토롤라에서 휴대전화 개발을 담당했던 마틴 쿠퍼 부장이 당시 사용

한 벽돌 모양의 휴대전화는 무게가 거의 1㎏이나 나갔지만 배터리 용량
은 36분에 불과했다.

▶모토롤라에서 휴대전화 개발을 담당한 마틴 쿠퍼 부장이 당시 사용한
벽돌 모양의 휴대전화는 무게가 거의 1㎏이나 나갔지만 배터리 용량은
36분에 불과했다.

▷마세라티 박물관에선 1930년대부터 각종 레이싱 대회를 휩쓸었던
마세라티의 전설적인 차들도 만날 수 있다.

▶마세라티 박물관에선 1930년대부터 각종 레이싱 대회를 휩쓴 마세
라티의 전설적인 차들도 만날 수 있다.

두 번째와 세 번째 문장을 보면, 수출하다 만 게 아니고 내밀다
그만둔 게 아니므로 각각 '수출한'과 '내민'으로 쓰는 게 맞다.
네 번째와 다섯 번째 문장은 휴대전화 개발을 담당한 시기와 각종
레이싱 대회를 휩쓴 시기가 지금까지 연장되지는 않았으되 각각
그 뒤로 다른 일을 담당했고 레이싱 대회 성적이 좋지 않았음을 강
조하는 한정적인 뜻의 문맥이 아니므로, 일정 기간 담당했고 휩쓸
었다는 사실을 그대로 전하는 편이 자연스럽다.

'열렸다'라는 과거형 동사를 명사 앞에 놓기 위해 '열린'으로
바꾸는 과정은 두 단계를 거친다. 우선 '열리다'라는 기본형으로
돌아간다. 그런 다음에 그 기본형의 어간에 'ㄴ'을 붙인다. 다른

동사도 같은 과정을 거친다. '꽃이 피었다'에서 '피었다'의 경우는 '피다'로 돌아간 다음에 그 어간에 'ㄴ'을 붙인다. '올라가다'를 '올라간'으로 바꾸는 과정도 같다. '열렸다'의 형용사형으로 '열렸던'을 쓰는 건 이 같은 어미변화에 서툰 탓도 있으리라고 짐작된다.

17

〈시크릿 가든〉의 '멍 대사'

"이게 최선입니까? 확실해요?"

"이 추리닝(운동복)은 댁이 생각하는 그런 추리닝이 아니야. 이태리에서 40년 동안 추리닝만 만든 장인이 한 땀 한 땀 정성 들여 만든 작품이야."

"나한테는 이 여자가 김태희고 전도연이야."

"길라임 씨, 내일은 어디가 예쁠 건가?"

시청자의 귀에 쏙쏙 꽂히고 여러 패러디를 낳으면서 회자된 드라마 〈시크릿 가든〉의 대사다. 이 드라마에서 다음과 같은 대사도 나왔다.

"왜 내 전화 안 받아. 내가 오늘 그쪽 때문에 무슨 짓까지 했는 줄 알어?"

이 대사에서 무언가 어색하다는 느낌이 들지 않으시는지? 이 대사에서 '했는' 은 요즘 우리말을 쓰는 사람 중 상당수가 어미변화를 충분히 익히지 않았음을 보여주는 사례다. 여기서 '줄' 은 명사(의존명사)이므로 그 앞의 '했는' 은 '한' 으로 고쳐야 한다.

▷한편 호스피스 간호사역으로 나오는 강예원은, 원래 여주인공은 깡마르고 아름다운 목소리의 소유자였는데 강예원이 실제로 볼륨감 있는 몸매를 가지고 있어서 컴퓨터 그래픽(CG)으로 수정을 하려고 했는 것으로 전해지면서 화제가 되고 있다.

이 문장에서도 '했는' 은 명사 앞에 왔으므로 '한' 으로 고쳐야한다.

위와 같은 언어습관을 지닌 사람은 이렇게 반문할지도 모르겠다. "교열을 거친 신문에서도 숱하게 '~했는' 이 나오지 않느냐?" 예를 들어보자.

▶기출문제를 풀어보는 것이 최적의 시험대비 요령인 것처럼 자신이 지원할 대학이 2009학년도 입학사정관 전형에서 무엇을 주로 평가했는지 파악해둬야 한다.

▶참가자들은 '나라마다 온실가스를 얼마나 줄일지 이번엔 꼭 정하자'고 다짐하며 모였지만 합의엔 실패했어요. 특히 개발도상국들이 많이 반발했지요. 온실가스를 줄이면 선진국들이 돈을 모아 2020년까지

1000억 달러 이상을 지원하겠다고 했는데도 개도국들은 거절했어요. 왜 그랬을까요. 온실가스를 줄이려는 노력이 경제에 큰 타격을 주기 때문이에요.

이 두 예에서는 '∼했는'이 명사 앞이 아니라 어미 앞에 놓였다. 어미 '지'는 의문이나 여부를 표시하는 데 쓰인다. '데'는 '그런데'를 줄여 붙인 걸로 이해되며, '아이디어는 좋은데 실행하긴 좀 어렵겠다' 처럼 쓰인다. 이런 어미 앞에서는 동사의 변형이 명사 앞에서와 다르다. 예를 몇 가지 더 들면 다음과 같다.

▶서류가 그쪽으로 넘어갔는지 알아봐다오.
▶전세버스는 정시에 왔는데 관광가이드는 연락이 되지 않았다.
▶학생 한 명이 사라졌는데 아무도 눈치 채지 못했다.

그럼 '걸' 또는 '걸요' 앞에는 '했는'이 맞을까, '한'이 맞을까? 우선 다음 예문을 보자.

▷일본에선 관객들이 잘 대해주셔서 맘이 편했어요. 특히 클럽 사장님들이 너무 잘해줘서 제 생일파티만 서너 번 했는걸요.

이 문장에서 띄어쓰기는 맞다. '걸'을 '했는'에 붙여 쓴 것을 보면 '걸'이 어미임을 알 수 있다. 어미라면 '한'과 결합하기보다 예문처럼 '했는'과 결합하는 게 맞지 않을까? 그런데 '걸'은 '것을'을 줄인 단어라는 데 문제가 있다.

'했는걸'이 맞을까, '한걸'이 맞을까? 사전을 찾아보면 의문이 해소된다. '걸'은 어미로 활용되지만 항상 그 앞에 'ㄴ'을 앞세우고 다닌다. 사실 '걸'이 어미가 아니라 'ㄴ걸'이 어미다. 그리고 'ㄴ걸'은 그 앞 단어의 어간과 결합한다. '걸'이 '것을'에서 왔기 때문이다.

▶안타까워하면 뭐하나. 이미 엎질러진 것을.

▶안타까워하면 뭐하나. 이미 엎질러진걸.

▶그때는 누구나 다 그렇게 산 것을.

▶그때는 누구나 다 그렇게 산걸.

▶아버지는 이미 돌아가신 것을.

▶아버지는 이미 돌아가신걸.

18

알겠는지 모르겠는지

"이 정도 얘기했으니 이제 알겠지?"

여기서 '겠'은 선어말어미(先語末語尾)로 분류된다. 선어말어미는 말을 끝내는 어미 앞에 붙는 어미를 가리킨다. '시' '옵'과 같이 높임법에 관한 것과 '았' '는' '더' '겠'과 같이 때나 상태에 관한 것이 있다. '았'은 앞 단어에 따라 '했' '왔' '졌' 등으로 바뀌어 쓰인다. '는'은 현재를 나타내는 데 활용된다. '더'는 '선생님은 기분이 좋으시더라'처럼 과거에 직접 경험한 사실을 현재로 그대로 옮겨 와서 전달함을 나타낸다.

'겠'은 여러 곳에 쓰인다. 앞에서 든 예문에서 '겠'은 가능을 표시한다. '겠'은 가능 외에 예정, 의지, 추측에도 쓰인다. 이로부터 '겠'이 어디에서 왔는지 알겠는지?

우선 다음 문장을 보자.

하늘을 보니 비가 올 것이다. (예정)
이 학생은 이 문제를 풀 것이다. (가능)

나는 커서 선생님이 될 것이다. (의지)

그는 지금 언짢을 것이다. (추측)

'겠'을 넣어 바꿔 쓰면 다음과 같다.

하늘을 보니 비가 오겠다. (예정)

이 학생은 이 문제를 풀겠다. (가능)

나는 커서 선생님이 되겠다. (의지)

그는 지금 언짢겠다. (추측)

'겠'은 '것이'가 줄어든 어미다. '이'가 '것'에 붙으면서 일단 '겟'이 됐다가 '했' '었' '됐'의 경우와 마찬가지로 쌍시옷 받침을 갖게 되면서 '겠'이 됐다.

처음에 든 문장 "이 정도 얘기했으니 이제 알겠지?"에서 '알겠지'는 '알 것이지'가 줄어든 말이고, '겠'의 네 가지 용례 중 '가능'을 표시한다. 이번엔 다음 예문을 보자.

▷반론을 해보겠다. 제인 오스틴과 백영옥이라는 작가 사이에는 200년의 시차가 존재한다. 오스틴의 위대함은 아무도 하지 않았던 이야기를 새로운 방식으로 했다는 데에도 있는데, 200년간 반복돼서 첫 장만 열어도 어떻게 끝날지 다 알겠는 소설을 쓰는 게 의미가 있을까?

▷"마지막으로 개인적으로 궁금한 건데, 조성모 씨는요, 그동안 발표한 조성모 씨의 수많은 발라드 곡 중에서 어떤 곡을 가장 좋아하세요?"
"가시나무요. 제가 부를 당시 23살이었는데 의미를 알고 불렀는지 잘 모르겠어요. 나이를 먹을수록 의미를 더 잘 알겠는 노래죠."

두 예문에서 '알겠는'은 풀어쓰면 '알 것인'이다. 그러니 이것을 각각의 문장에 대입하면 다음과 같이 이상하게 된다.

▷200년간 반복돼서 첫 장만 열어도 어떻게 끝날지 다 알 것인 소설을 쓰는 게 의미가 있을까?
▷나이를 먹을수록 의미를 더 잘 알 것인 노래죠.

둘 다에서 '것인'은 어색하다. 뜻은 알겠지만 군더더기다. '것이다'는 한 덩어리로 문장 끝에 쓰이는 어미이며, 변형해 수식하는 자리에 놓으면 안 되는 것이다.

방금 예로 든 두 문장은 '알겠는'에서 '겠'을 버리고 뜻을 취해 다음과 같이 바꿔 써야 한다.

▶200년간 반복돼서 첫 장만 열어도 어떻게 끝날지 다 알 소설을 쓰는 게 의미가 있을까?
▶200년간 반복돼서 첫 장만 열어도 어떻게 끝날지 다 알 수 있는 소

설을 쓰는 게 의미가 있을까?

▶200년간 반복돼서 첫 장만 열어도 어떻게 끝날지 다 알 만한 소설을 쓰는 게 의미가 있을까?

▶나이를 먹을수록 의미를 더 잘 알 수 있는 노래죠.

▶나이를 먹을수록 의미를 더 잘 알게 되는 노래죠.

'알겠는' 보다 더 엉터리인 표현이 '모르겠는' 이다. '알겠다' 는 가능이나 능력을 뜻한다. '알겠다' 에 대응하는 '모르겠다' 는 단어 자체가 형용모순이다. 모르는 데엔 가능이나 능력이 필요 없다. 이렇게 풀어보자. '알겠다' 는 '아는 데 이르렀다' 로. 그럼 '모르겠다' 는 '모르는 데 이르렀다' 가 된다. 이건 말이 안 된다. 알다가 모르게 된 것이 아니다. 모르면 모르는 것이지 모르겠다고 할 이유가 없다. 말로 굳었으니 '모르겠다' 는 인정할지언정 다음과 같은 '모르겠는' 은 결코 받아들일 수 없다.

▷부검 후 다경은 뭐가 뭔지 모르겠는 상태에서 부검 소견을 내야 하자 지훈의 사무실을 찾았다.

▷연예인 인터뷰를 해보면 저 사람이 어떤 사람인지 알고 좋아하고 싶은데 누군질 모르겠는 거야.

▷〈황해〉는 뭔가를 향해 미친 듯이 달려가는 도착에 가까운 집중력이

돋보였지만 도대체 어디를 향해 달려가는지는 잘 모르겠는 영화였다.

이들 문장에서 ‘모르겠는’은 각각 ‘모르는’ ‘알 수 없는’ ‘모를’로 바꾸면 된다. 이처럼 ‘알겠는 거야’나 ‘모르겠는 거야’는 부자연스럽다. 이 두 말은 풀어 쓰면 ‘알 것인 것이야’ ‘모를 것인 것이야’가 된다. 이상하기 짝이 없다. ‘알겠는 거야’는 ‘알겠다 싶은 거야’나 ‘알겠더라’로, ‘모르겠는 거야’는 ‘모르겠다 싶은 거야’나 ‘모르겠더라’로 바꿔 쓰면 어떨까.

예를 하나 더 들어보자.

▷아쉽지만 옥에 티도 보였다. 마지막 장면에 등장한 아역 배우다. 아역 배우를 쓴 아이디어는 좋았는데, 연기력이 문제였다. 아무리 잠깐 나와도 배우는 소품이 아닌 게다. 왜 무대에 나왔는지 모르겠는 표정으로 서 있는 아이를 봐야 했으니, 관객으로선 민망한 순간이다.

마지막 문장의 ‘모르겠는’은 ‘모르겠다는’이라고 바꿔 쓰는 게 더 자연스럽다. ‘알겠는’과 ‘모르겠는’을 그대로 써도 되는 때는 명사 앞에 놓이지 않고 다음과 같이 어미랑 결합할 때다.

알겠는데 / 모르겠는데
알겠는지 / 모르겠는지

알겠나 / 모르겠나

알겠는걸 / 모르겠는걸

앞에서 설명한 것과 같은 이유로 다음 두 문단에서 '좋겠는' 과 '못하겠는' 도 틀렸다.

▷그래서 나온 엄마들의 결론이 차라리 사교육이 깨끗하다는 것이다. 평판 좋은 학원에 아이를 맡기면 따로 신경 쓰지 않아도 강사가 학원비만큼 제몫은 한다. 선택의 여지가 거의 없는 학교 대신 학원에만 보낼 수 있다면 오히려 교육비 부담이 확 줄 거라는 말까지 나온다. 뜻 맞는 학부모끼리 목표가 같은 교사를 모셔다 아이를 가르칠 수 있다면 더 좋겠는 건 물론이다.

▷내가 어느 지점에서 어떤 모습으로 살았었건 간에 그 지나간 것들은 오늘 여기까지로 오는 길이었으며, 여기 내 앞에 놓여있는 이 시간 또한 십년이나 이십년 뒤 짐작도 못하겠는 그 시간들로 가는 길이라는, 당연한 사실을 나는 이제야 내 것으로 받아들인다.

두 문단의 뒷부분은 각각 아래와 같이 고쳐야 한다.

▶뜻 맞는 학부모끼리 목표가 같은 교사를 모셔다 아이를 가르칠 수 있

다면 더 좋겠다는 말은 덧붙일 필요도 없다.

▶여기 내 앞에 놓여있는 이 시간 또한 십년이나 이십년 뒤 짐작도 못할 시간들로 가는 길이라는, 당연한 사실을 나는 이제야 내 것으로 받아들인다.

예로 든 두 문단 중 뒤엣것은 유명한 소설가가 쓴 글이라고 믿기지 않을 정도로 조악하다. 틀린 부분을 더 바로잡으면 다음과 같이 된다.

▶내가 어느 지점에서 어떤 모습으로 살았든 간에 지나간 것은 오늘 여기로 오는 길이었으며, 여기 내 앞에 놓인 이 시간 또한 십년이나 이십년 뒤 짐작도 못할 시간으로 가는 길이라는 당연한 사실을 나는 이제야 내 것으로 받아들인다.

우리말의 거시기, 것

'거시기'는 사투리가 아니다. 거시기는 세상의 그 어떤 것도 지칭할 수 있는 대명사다. 사전은 거시기를 이름이 얼른 생각나지 않거나 바로 말하기 곤란한 사람 또는 사물을 가리키는 대명사라고 설명한다. 또 하려는 말이 생각나지 않거나 거북할 때 내는 군소리라고도 한다. 거시기의 쓰임새는 여기서 그치지 않는다. 거시기는 형용사로도, 동사로도 활용된다. "기분이 참 거시기허네" "그 친구가 거시기했을 때 우리는 뭐 하고 있었나"처럼.

거시기는 '것'이 가지 쳐 나온 말이다. '거시기'가 거의 모든 걸 가리키는 것처럼 '것'은 우리말에서 '약방의 감초'보다 더 자주 쓰이는 명사다. '것'은 필요한 정도를 넘어 자주 등장한다. 눈에 지나치게 자주 밟히는 '것'은 다른 단어로 대체됐다. 그러면서 이상한 문장이 생겨났다.

19

'∼한 것이다' '∼한 거야'는 강조하는 표현

몇 년 전 소설가 안정효 씨에게서 번역에 관한 강의를 들었다. 그는 우리말과 우리글에 '할 수 있는'이 지나치게 자주 나온다고 지적했다. 이어 그는 "할 수 있는 한 '할 수 있는'을 덜 쓰자"고 제안했다. '할 수 없는'도 줄여야 한다. '할 수 없는'은 '하지 못하는'으로 바꾸면 된다.

'할 수 있는'보다 훨씬 더 자주 나오는 어구가 '∼한 것이다'다. '것이다'는 ㄹ 뒤에 오면 예정, 가능, 의지, 추측을 뜻한다. ㄴ 다음 올 때엔 강조의 뜻을 지니기도 한다. 많으면 질린다. '것'과 '것이다'가 글에 자주 나온다 싶으면 대거 솎아내자.

▷프로이트가 유물론적 의학에 경도된 당시 의학에 반기를 들고 정신분석학을 수립한 일 역시 새로운 시대정신에 대한 섬세한 인식을 바탕으로 한 것이었다.

이 예문에서 '것이었다'는 '수립한 일'의 술어 부분이다. 이

렿게 쓰인 '것이었다'는 들어내도 된다. 이와 달리 다음 문장에선 '것이다'가 강조하기 위해 쓰였다.

▶원수는 외나무다리에서 만난다더니, 엘리베이터를 탔는데 그 놈과 마주친 것이다.

▶엘리베이터를 탄 그는 깜짝 놀랐다. 엘리베이터 안에서 그 여인과 마주친 것이다.

'마주친'도 과거시제이지만, 그 과거시제를 더 드러내기 위해 '마주친 것이다' 대신 '마주친 것이었다'고 해도 무방하다.

▶이들은 섬세한 감수성과 창조력으로 무장하고 시대의 한복판에서 새로운 시대의 정신을 자신의 것으로 받아들임으로써 20세기의 문을 활짝 열어젖힌 것이다.

여기서 '것이다' 역시 강조의 뜻으로 쓰였다. 이런 문장은 대개 그 앞에 설명의 문장을 앞세운 뒤에 나온다. 다음 문단도 그런 예다.

▶이러한 생물학적 인간관의 형성에 결정적 토대를 제공한 이는 찰스 다윈이다. 다윈은 모든 다른 생명체와 마찬가지로 오늘날 인간의 모습

역시 신의 창조가 아니라 진화를 통해 형성됐다는 사실을 과학적 방법

으로 밝힘으로써 이후 유럽의 젊은 지식인들을 사로잡는 새로운 인간관

의 시작을 가능하게 한 것이다.

20

'것이다'와 '전망이다'

'~할 것이다'는 예정, 추측, 의지를 나타낸다.

▶(고2학생) 저 내년에 어떻게 되죠? (선생) 응 고3이 될 거야.

▶그는 아마 기분이 좋을 것이다.

▶나는 올해 반드시 담배를 끊을 것이다.

그래서 누군가가 '것' 대신 뜻에 따라 다른 명사를 넣기 시작했을 게다.

▶나는 올해 반드시 담배를 끊을 작정이다.

▶나는 올해 반드시 담배를 끊을 계획이다.

미래의 일에 쓰인 '것'도 다른 명사로 대체됐다.

▷주요 대학은 내년 입시에서부터 논술 비중을 키울 예정이다.

▷중국과 대만이 경제협력기본협정(ECFA)을 맺었다. 사실상 자유무역협정(FTA)이 체결됐다는 분위기다. 두 나라는 물론 한국경제에 미칠 영향이 적지 않을 전망이다.

'것' 대신 다른 명사를 넣으면 얘기가 달라진다. 앞의 첫째 예문에서 주어는 '대학'이고 술어는 '예정이다'다. '대학이 예정이다'라니 자연스럽지 않다. 둘째 예문의 마지막 문장에서 주어는 '영향'이다. '영향이 전망이다'라니 역시 어색하다. 다음과 같이 표현하면 어떨까.

▶주요 대학은 내년 입시에서부터 논술 비중을 키우기로 했다.
▶두 나라는 물론 한국경제에 미칠 영향이 적지 않을 듯하다.

두 번째 문장은 다음과 같이 바꿔 쓸 수도 있다.

▶두 나라는 물론 한국경제에 미칠 영향이 적지 않을 것으로 전망된다.

주어와 술어만 발라내면 '영향이 전망된다'가 된다. 이 또한 '영향이 전망이다'나 마찬가지로 어긋난 표현이 아닐까? 그건 아니다. 우선 이 문장을 능동형으로 바꿔보자.

▶전문가들은 두 나라는 물론 한국경제에 미칠 영향이 적지 않을 것으로 전망한다.

이를 수동형으로 바꾸면 이렇게 된다.

▶두 나라는 물론 한국 경제에 미칠 영향이 적지 않을 것으로 (전문가들에 의해) 전망된다.

여기서 우리는 '영향이 전망된다'는 틀린 표현이 아님을 알 수 있다.

'계획' '예정' '전망' 같은 다른 명사가 '것'을 대체한 다음에는 주어와 어울리지 않는 명사가 더 많이 들어섰다.

▷문화가 다른 두 회사 사람들이 실무적으로 기술표준을 만들어나가는 과정은 순탄치 않을 것으로 예상된다. 그러나 최악의 경우 립 서비스에 그치더라도 이런 발상의 전환만으로 고무적인 일이란 평가다.

여기서 뒤의 문장은 다음과 같이 고치는 것이 낫다.

▶그러나 최악의 경우 립 서비스에 그치더라도 이런 발상의 전환만으로 고무적인 일이라고 업계는 평가한다.

▶그러나 최악의 경우 립 서비스에 그치더라도 이런 발상의 전환만으로 고무적인 일로 평가된다.

예를 좀 더 들어보자.

▷기존에 2차전지에 들어가는 음극 활물질로 흑연을 많이 사용했는데, 이 회사는 이보다 더 수명이 긴 대체물질을 개발한다는 목표다.

▶기존에 2차전지에 들어가는 음극 활물질로 흑연을 많이 사용했는데, 이 회사는 이보다 더 수명이 긴 대체물질을 개발한다는 목표를 세웠다.

▷강 회장은 온라인 교육부문과 IPTV, DMB 사업으로 영역을 확장하겠다는 야심이다.

▶강 회장은 온라인 교육부문과 IPTV, DMB 사업으로 영역을 확장하겠다는 야심을 보였다.

▷51년 만에 아시안컵 우승을 노리는 한국이 바레인을 맞아 조별예선 첫 경기에서 무난히 승리를 따낼 것이라는 예상이다.

▶51년 만에 아시안컵 우승을 노리는 한국이 바레인을 맞아 조별예선 첫 경기에서 무난히 승리를 따낼 것으로 예상된다.

다음 문장을 보자.

▷특히 분양가가 3.3㎡당 900만 원대 후반에서 1000만 원대 초반 정도가 될 것이라는 게 전문가들의 예상이다.

이 문장에서는 '것이라는 게'가 거슬린다. '초반 정도가 될 것이라는 게 전문가들의 예상이다'를 아예 '초반 정도가 될 것으로 예상된다'나 '초반 정도가 되리라고 예상된다'로 바꾸는 게 낫다.

21

머리 없이 몸통만 있는 문장

‘것이다’의 진화과정에서 그 다음 단계로 주어도 없이 바로 명사 술어로 끝나버리는 문장이 개발됐다. 앞에서 든 예문을 다시 보자.

▷중국과 대만이 경제협력기본협정(ECFA)을 맺었다. 사실상 자유무역협정(FTA)이 체결됐다는 분위기다. 두 나라는 물론 한국경제에 미칠 영향이 적지 않을 전망이다.

이 예문의 두 번째 문장은 주어 없이 ‘분위기다’로 끝났다. 다음 예문도 비슷하다.

▷LG에는 물론 1등 제품도 많다. 그러나 더 과감한 투자로 확실한 주도권을 잡아야 한다는 주문이다.

방금 든 두 개의 예문에서 명사 술어로 끝난 부분은 다음처럼 고쳐 쓸 수 있겠다.

▶분위기는 사실상 자유무역협정(FTA)이 체결됐다는 것이다.

▶그러나 (전문가들의) 주문은 더 과감한 투자로 확실한 주도권을 잡아야 한다는 것이다.

여기서 '것' 자리에 '분위기'와 '주문'이 들어가 비문(非文)이 만들어졌다.

위 두 문장은 다음처럼 바꾸면 더 좋겠다.

▶사실상 자유무역협정(FTA)이 체결됐다는 분위기가 가득하다.

▶그러나 더 과감한 투자로 확실한 주도권을 잡아야 한다고 전문가들은 주문한다.

때를 표현하기 어렵다

영어가 우리말에 미친 영향 중 하나가 시제를 뚜렷이 밝혀야 한다
는 강박이 아닐까 싶다. 우리말도 시제를 적절히 드러낸다. 뜻이
분명히 전해진다면 굳이 시제를 강조하지 않아도 된다. 예를 들어
과거보다 더 먼 과거임을 알려주지 않아도 될 때가 있다. 또 현재
에도 어떤 동작이 진행 중이거나 현재에도 어떤 상태임을 분명히
하기 위해 '있는'을 붙이는 용례는 바람직하지 않다.

22

‘했었다’를 자제하자

현재 광화문에는 세종대왕 동상과 이순신 장군 동상이 들어서 있다. 세종대왕 동상을 세우는 걸 놓고 처음에 어떤 계획이 세워졌다. 그 계획이 알려지자 논란이 일었다. 그래서 계획이 원점에서 재검토됐다. 이 단계에서 다음과 같은 기사가 나왔다.

▷이덕수 서울시 균형발전본부장은 9일 “지난해 12월 광장 설계안을 발표할 때 이순신 장군 동상은 그대로 두고 세종대왕 동상을 덕수궁에서 옮겨와 세종문화회관 건너편에 세우기로 했었다”며 “그러나 두 동상의 높낮이가 달라 조화가 어렵고, 동상이 많으면 ‘비워두는 공간’이란 광장 디자인 개념에도 맞지 않다는 지적이 나왔다”고 말했다. 이어 “동상 배치 계획을 원점에서 재검토하고 있다”고 덧붙였다.

처음에 계획이 발표된 때는 그 계획이 재검토된 때보다 더 앞선 과거다. 그래서 ‘세우기로 했었다’가 됐다. 다음 두 예문의 경우도 마찬가지다.

▷철학자 볼테르의 의사는 "볼테르가 임종 직전 공포에 떨었고 배설물을 삼켰다"고 떠들었다. 의사는 기독교 신자로서 볼테르가 성직자를 비판한 일을 못마땅하게 여기고 있었다.

▷정 전 대표는 "그가 내게는 정치를 안 하겠다고 했었다"며 "그런 말한 지 얼마 지나지 않았는데 정치입문부터 찜찜하게 해서야 되겠는가"라고 말했다.

이처럼 가까운 과거와 먼 과거의 두 시점이 나란히 서술되는 게 아니라면 굳이 먼 과거를 강조해 알려주기 위해 '있었다'나 '했었다'를 쓸 필요가 없다.

▷정 회장은 취임 당시 "기술수준을 높여 국제경쟁력을 조기에 확보해 현대자동차를 세계적인 자동차회사로 발전시키겠다"고 선언했었다.

▶정 회장은 취임 당시 "기술수준을 높여 국제경쟁력을 조기에 확보해 현대자동차를 세계적인 자동차회사로 발전시키겠다"고 선언했다.

23 과거이지만 과거형을 안 쓴다

과거이지만 과거시제를 쓰지 않는 편이 자연스러울 때가 있다.

▷처음 사업을 시작했을 때부터 유럽시장을 겨냥했습니다.

▶처음 사업을 시작할 때부터 유럽시장을 겨냥했습니다.

시기는 과거이지만 어떤 행위가 이뤄진 시기가 아니라 이뤄지는 시기를 나타내야 하기 때문에 '시작했을 때'가 아니라 '시작할 때'가 맞다. 좀 더 쉬운 문장을 몇 가지 예로 들면 다음과 같다.

▷나는 자랐을 때 잘 먹지 못해서 동생보다 몸집이 작다.

▶나는 자랄 때 잘 먹지 못해서 동생보다 몸집이 작다.

▷책임자는 그런 사정을 모르고 있었다가 나중엔 여간 미안해하는 게 아니었다.

▶책임자는 그런 사정을 모르고 있다가 나중엔 여간 미안해하는 게 아

니었다.

'당시엔 모르고 있었다'는 뜻을 드러내려면 '모르고 있었다가'가 아니라 '모르고 있다가'로 써야 한다.

▷가치주에 대한 투자 비중이 소폭 늘어났긴 했지만 대표 성장주들의 주가가 워낙 싼 만큼 저가매수 기회를 놓쳐선 안 된다는 인식이 깔려 있는 것으로 풀이된다.
▶가치주에 대한 투자 비중이 소폭 늘어나긴 했지만 대표 성장주들의 주가가 워낙 싼 만큼 저가매수 기회를 놓쳐선 안 된다는 인식이 깔려 있는 것으로 풀이된다.

'동사 어간+긴+하다'에서는 시제를 끝의 '하다'에만 한 번 적용하면 충분하다. 따라서 '투자 비중이 소폭 늘어났긴 했지만'이 아니라 '투자 비중이 소폭 늘어나긴 했지만'이 맞다. 그런데 '비중'은 늘어나는 게 아니라 커지는 것이다. 따라서 결국 다음과 같이 써야 한다.

▶가치주에 대한 투자 비중이 소폭 커지긴 했지만 대표 성장주들의 주가가 워낙 싼 만큼 저가매수 기회를 놓쳐선 안 된다는 인식이 깔려 있는 것으로 풀이된다.

24

꼭 '하고 있는'이라고 써야 하나

우리말은 어렵다. 시제는 특히 어렵다. 어떤 단어는 현재형인데 미래를 말한다. '라스베이거스 소비자가전쇼(CES)가 다음 달 초에 열린다'는 식이다.

이런 복잡한 우리말에 영어식 표현이 덮쳤다. 그 결과 우리말 고유의 맛이 흐려졌다. 영어의 현재진행형이 한글에 잘못 적용된 사례를 살펴보자.

▷이날 저녁 서울 사간동의 와인레스토랑 두가헌에서 열린 행사는 포트와인을 국내에 수입해 유통하고 있는 나라식품에서 준비했다.

▷올해 인포피아는 지난해에 비해 두 배 가까운 매출을 기대하고 있다.

▷국내 디벨로퍼 업계에서 가장 눈길을 끌고 있는 회사는 SK건설의 자회사인 SK D&D(옛 아페론)다.

첫째 문장에서 나라식품은 포트와인을 국내에 수입해 '유통한다'. 굳이 '유통하고 있다'고 하지 않아도 된다. 같은 이유로 둘째 문장에서 '기대하고 있다'는 '기대한다'로, 셋째 문장에서 '눈길을 끌고 있는'은 '눈길을 끄는'으로 고쳐야 한다.

25

동작에 변함이 없다면 '있는'을 빼자

앞에서 말한 '있는' 못지않게 이상한 '있는'이 '닮아 있는' '휘어져 있는' '담겨 있는' 따위로 쓰인 것이다.

▷제가 연예인 OOO과 닮아 있다고 해요.

▷아이의 부모를 만나보면 어쩌면 저렇게 같을까 싶을 정도로 말투, 행동, 예절바름 여부가 꼭 닮아 있다.

▷〈나잇&데이〉의 준이 그간 출연했던 로맨틱코미디와 액션물 속 이미지의 총합체에 가깝다면, 〈슈렉 포에버〉의 피오나 공주는 현실 속 여배우의 모습과 닮아 있다.

요즘 쉽게 접하는 표현을 옮겼다. '닮다'는 동사다. '닮은 모습'은 '닮다'가 실행된 결과다. 그래서 a가 b와 비슷하면 'a는 b를(와) 닮았다'고 표현한다. '닮은 사람 찾기'가 맞고 '닮아 있는 사람 찾기'는 틀리다. 김동인이 쓴 소설의 제목이 《발가락이 닮았다》가 아니라 《발가락이 닮아 있다》라면 영 이상했을 것이다. 또

수학시간에 배운 '닮은꼴'이라는 개념을 떠올려보자. '닮은꼴'
이지 '닮아 있는 꼴'이 아니다. '현재 상태'임을 친절하게 알려
주기 위해 흔히들 붙이는 '있다'는 군더더기다.

　같은 이유로 '내 다리가 휘어져 있다고?'도 틀린 표현이다.
'휘다'가 이뤄지면 '휜 다리'가 된다. '휘어져 있는 다리'는 맞
지 않다. '내 다리가 휘어져 있다고?'가 아니라 '내 다리가 휘었
다고?'다.

　▷피부가 너무 약해져 있어요. 제가 화장품을 좀 발라드릴게요.
　▶피부가 너무 약해졌어요. 제가 화장품을 좀 발라드릴게요.

'약해졌어요'로 충분하다. 약해진 다음에 더 변하지 않았으면
지금도 약해진 상태 그대로다. 굳이 '있다'를 더하지 않아도 된다.

　▷이재오, 앉아 있는 박근혜에게 90도 굽혀 인사
　▶이재오, 앉은 박근혜에게 90도 굽혀 인사

이재오를 '앉아 있는 박근혜'에게 인사시키지 말고 '앉은 박
근혜'에게 인사시키자.

　▷아시아나항공은 최근 김포공항에서 '그린 생활 수칙'이 담겨 있는

소책자와 친환경 메모지, 꽃씨 등을 선물하는 행사를 진행했다.

▶아시아나항공은 최근 김포공항에서 '그린 생활 수칙'이 담긴 소책자
와 친환경 메모지, 꽃씨 등을 선물하는 행사를 진행했다.

'담겨 있는' 보다 '담긴' 이 자연스럽다.

▷피터 드러커는 경제학 분야에만 머물러 있던 이론을 경영학으로 확장
했다.

▶피터 드러커는 경제학 분야에만 머무르던 이론을 경영학으로 확장했다.

그렇지 않아도 '머무르다(머물다)' 는 있던 자리에 그대로 있음
을 뜻한다. 여기에 '있던' 을 덧붙일 필요가 없다.

▷천안함이 침몰해 있는 백령도 인근 수역은 바다를 아는 사람들에게는
무서운 곳으로 소문이 나 있다.

▶천안함이 침몰한 백령도 인근 수역은 바다를 아는 사람들에게는 무서
운 곳으로 소문이 난 곳이다.

예를 좀 더 들어보자.

▷글로벌 시대를 맞아 수많은 기업들이 해외에 진출해 있다.

▷1982년에 나온 핑아이 아이언은 기네스북에 세계에서 가장 많이 팔린 아이언으로 등재돼 있다.

▷이미 다양한 분야에서 여러 가지 기기를 활용한 증강현실 솔루션이 개발돼 있다.

▷미국이나 유럽의 경우 개인의 다양성을 존중하는 측면에서 인사제도가 훨씬 발달돼 있다.

▷이 단체에는 〈포춘〉 선정 세계 500대 기업 중 약 절반이 가입해 있다.

이들 문장에서도 '있다'가 불필요하다. 각각 '진출했다' '등재됐다' '개발됐다' '발달됐다' '가입했다'로 쓰더라도 '혹시 지금은 상황이 달라지지 않았을까' 하고 의심하는 독자는 드물다.

영어도 마찬가지다. 'He has come(그는 왔다)'이라고 하지 'He has come and is here(그는 와 있다)'라고 하지 않는다.

외래문화의 습격

1970년대에 우리 가족이 어느 유원지에서 겪은 일이다. 기념사진을 촬영해서 파는 사람에게 어머니가 얼마냐고 물었다. 우리 가족은 그 사람이 "삼백 원"이라고 말한 것으로 들었다. 사진을 촬영하고 나니 그가 "천백 원"이라고 말했다. 우리는 1100원을 치렀다.

한국에선 음성으로 숫자를 말할 때 혼선의 소지가 크다. 1과 2만 헷갈리는 게 아니다. 앞의 사례에서처럼 '삼'이라고 하고서 '천'이라고 했다고 우길 수도 있다. 중국에서 들어온 숫자가 우리말 숫자를 밀어내면서 빚어지기 시작한 불편이다.

지금은 한자 숫자 '일, 이, 삼, 사'가 '하나, 둘, 셋, 넷'을 거의 대체했지만, 과거에는 그렇지 않았다. 과거에 우리말 숫자를 자주 활용하던 흔적은 지금도 찾을 수 있다. 우리는 '몇 배'라는 말을 할 때 '두 배, 세 배, 네 배, 다섯 배, 여섯 배, 일곱 배, 여덟 배, 아홉 배, 열 배…'라고 하지 '이 배, 삼 배, 사 배, 오 배, 육 배, 칠 배, 팔 배, 구 배, 십 배…'라고 하지 않는다. 종이의 수량을 말할 때에도 '한 장, 두 장, 석 장, 넉 장' 이라고 한다.

일본말에서는 우리말에서처럼 '일, 이, 삼, 사' 로 인한 혼란의 소지가 없다. '일, 이, 삼, 사' 를 '이치, 니, 산, 시' 로 읽어 '이치' 와 '니' 가 헷갈리지 않는다. 외국에서 들어온 문화를 자기네 식으로 소화하는 데 능숙한 일본인다운 숫자 읽기다.

이제 우리말은 곳곳에 스며드는 영어식 표현으로 몸살을 앓고 있다. 영어식 표현을 받아들이기로 했다면 창의적으로 소화해야 한다.

26

알파 브라보 찰리

전화로 내 이메일 아이디 cobalt를 다른 사람에게 알려주는 건 번거로운 일이다. "코발트, 아시죠? 씨오비에이엘티 있잖아요. 에이비씨에서 씨, 오, 비는 브이가 아니고 에이비에서 비…."

영어를 쓰며 자란 사람들 사이에서도 낱자 하나하나를 정확히 옮기는 건 쉽지 않을 듯하다. 특히 총포가 터져대는 야전에서는 만만치 않은 일이겠다.

그래서 A에 알파, B에 브라보, C에 찰리라는 등으로 단어를 붙여 낱자를 알려주는 무선통신 방식이 생겨났으리라. 무선으로 통신할 때 한글 자음에 상응하는 단어도 있다. ㄱ은 기러기, ㄴ은 나폴리, ㄷ은 도라지….

우리는 알파벳과 계좌번호 등 여러 가지를 함께 알려줘야 할 때엔 말을 하는 대신에 휴대전화 문자메시지를 보내곤 한다. 잘못 전해질까 걱정해서다. 예전의 우리식으로 숫자를 말하고 들었다면 덜 헷갈렸을 듯하다. 옛날엔 '백'을 '온'이라고 했고, '천'을 '즈믄'이라고 했다. '삼백 원'은 '셋온 원'이고 '천백 원'은

'즈믄은 원' 이다.

군대에서는 '일 이 삼 사 오 육 칠 팔 구 십'을 '하나 둘 삼 넷 오 여섯 칠 팔 아홉 공'으로 말한다. 일과 이, 삼과 사, 오와 육이 뚜렷이 구별되도록 하기 위해서다.

월간 〈뿌리깊은나무〉를 펴낸 한창기는 우리가 숫자를 말하는 방식이 헷갈리게 된 연원을 다음과 같이 설명하며 "중국 사람 시늉하다가 한국 사람들만 손해를 봤다"며 아쉬워한다.

다들 아시듯이 우리가 쓰는 '일, 이, 삼, 사'는 '이 얼 산 스' 하는 중국 발음을 한국화한 것입니다. 한자를 빌려 와 쓰면서 '하나, 둘, 셋, 넷' 하는 대신에 그 중국말을 한국식으로 한 것이죠. 한자를 들여간 일본 사람들도 한자를 읽을 때 '히토쓰, 후타쓰, 밋쓰, 욧쓰' 하는 대신에 중국 발음을 일본식으로 바꿔 '이치 니 산 시' 했습니다.

다행히 일본화한 중국의 숫자 발음 '이치, 니, 산, 시'에는 서로 혼동되기 쉬운 소리가 없습니다. 그러나 우리말로 바뀐 중국 숫자 '일, 이, 삼, 사'는 서로 헷갈리기 쉽습니다. 중국 사람 시늉하다가 한국 사람들만 손해를 보았습니다.

육이오 난리 전까지만 해도-그리고 도시 말고 농어촌에서일수록-'하나, 둘, 셋, 넷'의 '일, 이, 삼, 사'에 대한 비율은 훨씬 높았습니다. 그러나 이른바 발전과 근대화가 들이닥침과 함께 '하나, 둘, 셋, 넷'의 세력이 점점 더 움츠러들어왔습니다. 이른바 '문명'을 대표하여 우리의 생각 속으로 파고드는 '기계속'을 다루는 이들이 비판 없이 이번에는 '이치, 니, 산, 시' 하는 일본 사람 시늉을 해왔기 때문인 줄로 압니다.

한창기는 "아예 처음부터 '하나, 둘, 셋, 넷' 했다면 그토록 자주 잘못 알아듣는 번호를 줄이고 잘못 걸려오는 전화를 덜 수 있었을 것"이라며 "하루빨리 '하나, 둘, 셋, 넷'을 장려함직하다"고 제안한다.

전화번호로 말하더라도 이렇습니다. 아예 처음부터 '셋, 넷, 둘, 하나' 했던들 그토록 자주 잘못 알아듣는 번호를 줄이고 그토록 밉거나 짜증 나게 잘못 걸려오는 전화를 덜어서, 요샛말로 하자면 에너지 절약, 시간 절약을 해서 국력 낭비를 막고….

'일, 이, 삼, 사' 대신 '하나, 둘, 셋, 넷'을 쓰면 음절이 늘어나 번거롭지 않을까? 한창기는 그렇지 않다고 답했다. 우리말뿐 아니라 영어에도 능통했던 한창기는 뛰어난 언어감각을 다음과 같이 드러낸다.

토박이말의 숫자에 두 음절로 된 것이 있어서 번호 대기에 시간이 더 걸린다고 혹시라도 오해하지 마십시다. 그렇지 않습니다. 흔히 사람은 글자 수효에 맞추어 말을 하지 않고, 마음속의 장단에 맞추어 말을 합니다. 그리하여 '일, 일, 사' 하는 시간이나 '하나, 하나, 넷' 하는 시간이나 길이는 마찬가지입니다.

《특집! 한창기》와 《뿌리깊은 나무의 생각》의 책갈피를 넘기며 밑줄 그은 부분 몇 대목을 다시 읽었다. 숫자 대기와 관련한 그이의 지적은 이제부터라도 따라 할 가치가 있을 성싶다.

27

아라비아 숫자에 콤마를 찍을 때

〈이코노미스트〉 독자에게서 숫자를 표기하는 방식과 관련해 다음
과 같은 지적을 받은 적이 있다.

통상적으로는 천 단위에 콤마를 찍어 표기하는데(예를 들면 1조 2,560
억 원) 〈이코노미스트〉는 콤마를 찍지 않고 있다(1조 2560억 원). 콤마
등 기호가 많이 들어가면 시각적으로 혼란스러운 단점이 있기는 하다.
그러나 연도(2010년)를 제외하고 모든 숫자는 천 단위에 콤마를 찍어
표시하고 있다. 독자들은 그것에 익숙하다.

이와 관련해 시계를 세로쓰기 시절로 돌려보자. 그때엔 숫자를
'千5백명' '3백여명' '1만77명' 식으로 다 읽어줬다. 세로쓰기
시절에 신문의 한 단에는 떼어쓰기를 전혀 하지 않을 때 12자가 들
어갔다. 그 좁은 공간에 숫자를 다 표기하다가는 숫자의 일부가 다
음 행으로 넘어가 읽기 번거로운 경우가 종종 발생할 것이고, 이런
일을 피하려다 보니 독자가 읽는 대로 숫자를 대신 읽어주는 표기

법을 채택한 것으로 짐작된다.

한 단의 폭이 보다 넓은 가로쓰기가 되면서 숫자를 쓸 공간의 제약이 완화됐다. 그러나 백만 단위도 숫자가 7개인데 수백억, 수천억 단위의 숫자를 일일이 다 쓰는 것은 공간이 아무리 넓더라도 효율적이지 않다. 절충안으로 '조'와 '억'과 '만'을 한글로 적는 방식이 채택됐다. '2,560억 원'에 찍힌 콤마는 영어의 숫자표기 방식을 받아들인 것이다. 영어에서는 숫자를 셋 단위로 갈라 콤마를 찍는다. 여기서 문제가 발생한다. '2,560억 원'을 영어식으로 다 적으면 다음과 같다.

256,000,000,000

'2,560억 원'에서처럼 콤마를 넣는 것이 영어식인 듯하지만, 정작 영어식 숫자 표기에서는 네 숫자 중 셋째 숫자 뒤에 콤마가 찍혀 '256,0'이 된다.

이 문제는 영어에서는 단위가 1000배마다 바뀌고 한국, 중국, 일본에서는 10000배마다 바뀌는 데에서 비롯된다. 영어에서는 thousand 다음 10 thousand, 100 thousand가 되고 1000 thousand는 1 million이 된다. 그 다음 10 million, 100 million이 되고 1000 million은 1 billion이 된다. 한국, 중국, 일본에서는 이 단위 바뀜이 10000배마다 일어난다. 만 다음 10만, 100만, 1000만에 이어 억이

되고 10억, 100억, 1000억 다음에 조가 된다.

따라서 숫자 셋마다 콤마를 찍는 방식이 국제적으로 통용된다고 할지라도 우리끼리 숫자를 읽기 편리하도록 ‘조’와 ‘억’과 ‘만’을 표시한 마당에 열거된 숫자 넷 가운데 첫째 숫자 다음에 콤마를 찍는 건 갓 쓰고 도포 걸친 다음 서양의 허리띠를 맨 것처럼 부자연스럽다.

그런데도 외국 것을 우리식으로 소화하는 데 서투른 한국에서는 가로쓰기를 시작한 뒤에도 한동안 ‘조’와 ‘억’을 표기하면서 ‘1조 2,560억 원’ 같이 영어식을 혼합해 표기했다. 다행히 이런 시행착오를 거친 요즘에는 주요 일간지가 대개 ‘1조 2560억 원’으로 쓴다.

28

달러가 불이 된 사연

▷디섹은 '공장 없는 조선업'으로 세계시장에서 지속적으로 수주를 늘리고 있다. 2005년 2천만 불에서 시작해 2006년 5천만 불, 2007년 1억 불, 2008년 '2억 불 수출의 탑'을 수상하는 등 수출을 매년 두 배로 키우고 있다.

이 예문에서 '불'은 외국어 표기의 뜻을 잊은 채 형식만 취한 또 다른 사례다. 달러를 '弗'로 적고 '불'이라고 읽는 관습에 따른 것이다. 달러를 弗로 적는 건 일본 방식이다. 서양에서 쓰는 $ 대신 비슷하게 생긴 한자 弗을 택한 것이다.

그러나 일본 사람은 弗을 우리처럼 '불'이라고 읽지 않고 '도루'라고 읽는다. 야구용어 도루가 아니다. 달러를 일본식으로 읽은 도루다. 우리는 일본 사람이 弗을 쓰는 걸 흉내만 냈을 뿐 그 내용은 파악하려 들지 않았다.

국내엔 요즘도 '달러' 대신 굳이 '불'을 쓰는 사람들이 있다. 그러나 이 불일치도 점차 줄어들 것이다. 미국의 풍습과 언어를 따

라 하기 바쁘게 된 한국 사람이 우리 것도 아닌 일본풍을 지키기는
어려울 테니까 말이다.

29

복수는 너희 것?

▷한국 사람들의 역사 인식은 극과 극을 달리는 경우가 많다. 독자는 묻는다. 어떤 것이 옳은가? 많은 역사가들이 자신의 견해를 밝힌다. 무엇이 옳고 무엇이 그르다고 일러준다. 하지만 이 책의 대표 저자인 프랑스 사학자 페에르 노라는 그 어느 것에도 답을 주지 않는다. 그 대신 "여러분들이 알고 있는 역사는 역사에 대한 기억일 뿐 실제 역사가 아닐 수 있다"고 말한다.

이 예문에서 어색한 부분을 찾아내셨는지? 먼저 내가 본 간판에 관한 이야기를 해보겠다.

지난 추석엔 처가에만 다녀왔다. 부모님은 서울에서 뵈었다. 처가가 있는 청주에서 하룻밤 자고 나만 먼저 고속버스를 타고 서울로 돌아왔다. 일하러. 청주 고속버스터미널 벽에 붙은 병원 홍보 간판이 눈에 띄었다. 병원을 알리는 것이었다. 내용인즉슨 이렇다.

'서울 우리들병원 출신 원장이 운영하는 척추·디스크 전문 병원, 우리병원.'

우리들병원에서 갈라져 나온 우리병원이라. '우리들병원'이 브랜드로 자리잡아 우리들병원의 허락 없이는 그 이름을 쓰지 못하기 때문에 이름을 '우리들병원'이 아니라 '우리병원'이라고 지었나 하는 의문이 들었다.

경위야 어땠든 '우리병원'이라는 이름은 반가웠다. '우리들병원'의 '우리들'이 영 개운치 않은 터였기 때문이다. '우리'가 복수인데 여기에 붙은 '들'은 영어에서 we에 더해진 s처럼 어색하기 짝이 없다.

'우리'와 대칭되는 말은 '너희'다. '너희'도 복수다. 기독교의 성서에서 몇 문장을 인용해본다.

▶나는 너희를 회개시키려고 물로 세례를 베풀거니와 내 뒤에 오시는 분은 성령과 불로 세례를 베푸실 것이다.

▶내가 너희를 사람 낚는 어부로 만들겠다.

▶그러므로 나는 분명히 말한다. 너희는 무엇을 먹고 마시며 살아갈까, 또 무엇을 걸칠까 하고 걱정하지 말라.

'너희들'은 깔끔하지 않다. 그런데도 다음과 같은 문장이 간혹 쓰인다. 이 역시 기독교의 성서에서 가져온 문장이다.

▷어찌하여 너희들은 악한 생각을 품고 있느냐?

1979년판 공동번역 성서 중 마태복음을 보니 '너희'라는 단어가 많이 나온다. 전부 '너희'고 '너희들'은 위 문장 하나뿐이다. 최근에 나온 성서에서는 이 대목에서도 '들'이 빠졌다.

'우리'를 낮춘 말은 '저희'다. '저희들'이 아니다. 주기도문에서도 '우리'와 '저희'를 쓴다.

▶하늘에 계신 우리 아버지
▶오늘 저희에게 일용할 양식을 주시고

'너희'를 높인 말은 '여러분'이다. 가수 윤복희가 부른 노래 제목은 정확하다. 〈여러분〉이다. 〈여러분들〉이 아니다.

서울엔 '우리들병원' 말고 '여러분병원'도 있다. 여러분병원도 허리·디스크 전문 병원이다. 여러분병원은 이름이 좋다. 어법을 지켜서 좋고, 이름이 덜 살가운진 모르겠으되 자세는 더 고객지향적이다.

요즘 우리말의 쓰임새는 '여러 모'로 생각할 거리를 준다. '여러 모들'이 아니다. '우리말'이지 '우리들말'이 아니다.

국립국어연구원은 '우리'가 맞다고 하면서도 '우리들'을 용례로 인정한다. 하지만 군더더기는 안 써도 좋고, 안 쓰는 편이 바람직하다고 본다.

복수를 지칭하는 단어임이 명백한데도 '들'을 붙이는 오류는 피해야 한다.

　▷황 씨 같은 싱글족들은 가급적 일찍 노후를 대비해야 한다.
　▶황 씨 같은 싱글족은 가급적 일찍 노후를 대비해야 한다.

　우리말은 한자의 영향을 받아 복수형을 잘 안 쓴다. 공자 말씀을 살펴보자.

　▶인부지이불온 불역군자호(人不知而不慍 不亦君子乎): 다른 사람이 알아주지 않아도 화내지 않으니 이 또한 군자가 아닌가.
　▶군자지교담약수(君子之交淡若水): 군자의 사귐은 물과 같이 담백하다.
　▶군군신신부부자자(君君臣臣父父子子): 임금은 임금다워야 하고 신하는 신하다워야 하며, 아버지는 아버지다워야 하고 아들은 아들다워야 한다.

　'군자(君子)'와 '군(君)' 앞에는 '각(各)'이나 'every'가 암묵적인 수식어로 붙어 있다고 생각하자. 우리말에서 '각', 영어에서 'every'가 수식하는 단어는 단수다. 우리말에서는 꼭 필요한 자리가 아니면 복수를 쓰지 않는다. 우리말에서는 문장 속에서 복수임을 알 수 있을 때엔 '들'을 붙이지 않는다. 이런 우리말의 특성이 영어의 영향으로 점차 흐릿해지고 있다.

▶I lied to a lot of people, deceived a lot of people.

이 영어 문장은 '나는 많은 사람에게 거짓말을 했고 많은 사람을 속였다'라고 옮기면 된다. '나는 많은 사람들에게 거짓말을 했고 많은 사람들을 속였다'라고 옮길 필요가 없다.

▶음식점이 늘어서 있다. (○)

▶세계에서 가장 깨끗한 바다에 크고 작은 150여 개의 섬이 장관을 연출한다. (섬들이 X)

▶우리나라의 모든 장교는 임관 후 최소한 3년간 근무하도록 되어 있다. (장교들은 X)

▶송년회는 400여 명의 동문이 참석한 가운데 성황리에 개최됐다. (동문들이 X)

▶포항시 흥해읍 덕실마을이 관광객을 위한 다양한 설맞이 행사를 마련한다. (관광객들을 X, 행사들을 X)

김상우, 《글쓰기 필수 비타민 50》, 페이퍼로드, 2009

예를 몇 가지 더 들어보자.

▶모든 걸 다 용서해도(모든 것들을 X)

▶육군사관학교가 발행한 '군대윤리'라는 책자에 따르면, 세계 최강인 미국 군대에서도 베트남 전쟁에서 1016명의 지휘관이 부하에게 살해됐

다. (지휘관들이 X)

▶정부가 엉망인데 시장이 잘 된다? 아닙니다. 시장을 활성화하는 건 정부의 몫입니다. 가장 좋은 사례가 구 소련입니다. 소련 공산당이 망한 뒤 소련 정부는 모든 걸 자유화했습니다. 그 결과 소련이 사기꾼의 손에 들어간 것입니다. (모든 것들을 X)

30 괄호 속 영어 단어 유감

요즘 글을 보면 멀쩡한 우리말을 두고 굳이 영어를 쓴다.

▷슈즈 멀티 스토어 레스모아가 빠른 성장세를 보이며 46번째 매장을 대구 성서에 새롭게 오픈했다.

'슈즈 멀티 스토어'는 '신발 복합매장' 또는 '신발 편집매장'으로 쓰면 된다. '오픈했다'는 '냈다' '열었다' '개점했다' 등 우리말로 바꿔야 한다.

이뿐 아니다. 우리말 단어 뒤에 괄호를 치고 친절히 영어 단어를 써주는 사람도 많다.

▷세계 첫 휴대전화 개발자이자 통화자인 마틴 쿠퍼(Martin Cooper) 어레이컴(ArrayComm) 회장은 고객의 요구(need)를 파악하고 맞추는 게 사업 성공의 열쇠라고 말한다.

▷'고혈압과의 전쟁(fighting high blood pressure)'에서 살아남

는 길은 무엇일까.

▷올림픽은 우리가 추구하는 '새로운 세계, 새로운 사고(New world, New thinking)'를 알리는데 적합하다고 생각합니다.

▷대중이나 전문가의 집단지성을 활용하듯 기술이나 아이디어 등을 기업 밖에서 구하는 개방형 혁신(open innovation) 전략을 채택하면 효과적이다.

마틴 쿠퍼나 어레이컴 같은 고유명사의 영어 철자를 알려주는 표기는 탓할 바가 아니다. 그러나 '고혈압과의 전쟁' '새로운 세계, 새로운 사고' '개방형 혁신' 등을 영어로 뭐라고 하는지는 가르쳐주지 않아도 된다.

어떤 단어 뒤에 괄호를 치고 영어 단어를 써줘야 하는가? 답은 한자를 언제 병기하는지에서 찾을 수 있다. 다음과 같이 동음이의어가 헷갈릴 때 우리는 독자가 잘못 읽지 않도록 한자를 나란히 적어준다.

▶단군 이래 최대 역사(役事)라는 고속철이 완공돼 역사적(歷史的)인 운행에 들어갔다. 용산역과 광명역에서 출발하는데, 이들 역사(驛舍)는 고속철을 위해 새로이 지어진 것이다.

배상복, '언어가 힘이다', 〈중앙일보〉 2010년 6월 16일

딱 맞지는 않지만 유사한 예를 들겠다.

▶요새 잘 나가는 패셔니스타(fashionista: 패션 리더)들을 보면 색색
의 스타킹을 옷과 잘 맞춰 신는다.

패션 전문지라면 '패셔니스타'라는 단어의 철자도 설명도 필
요 없지만, 일반적인 매체나 책이라면 괄호를 쳐서 영어 철자와 뜻
을 적어주는 게 친절하다.

남의 말 옮기가:
직접인용과 간접인용

"너도 귀한 딸이로다. 하늘이 정한 연분으로 우리 둘이 만났으니 변치 않는 즐거움을 이루어보자."

춘향이 거동 보소. 고운 눈썹 찡그리며 붉은 입술 반쯤 열고 가는 목소리 겨우 열어 고운 음성으로 여쭈오되,

"충신은 두 임금을 섬기지 않고 열녀는 지아비를 바꾸지 않는다고 옛글에 일렀으니, 도련님은 귀공자요 소녀는 천한 계집이라 한번 정을 맡긴 연후에 바로 버리시면 일편단심 이 내 마음, 독수공방 홀로 누워 우는 한은 이 내 신세 내 아니면 누가 알꼬? 그런 분부 마옵소서."

이 도령이 하는 말이,

"네 말을 들어보니 어찌 아니 기특하랴. 우리 둘이 인연 맺을 적에 금석 같은 맹세 하리라. 네 집이 어드메냐?"

춘향이 여쭈오되,

"방자 불러 물으소서."

이 도령이 허허 웃고,

"내 너더러 묻는 일이 허황하다. 방자야!"

《춘향전》 중 한 대목이다. 등장인물이 말한 문장이 전부 그대로 따옴표 속에 담겨 직접인용됐다.

그러나 실제 우리네 언어생활은 그렇지 않다. 과거에도 그렇지 않았다. 우리가 어떤 민족인가. 우리는 뜻이 전해진다면 과감한 생략을 주저하지 않는다. 다른 사람이 한 말을 끝까지 다 옮기는 경우는 매우 드물다. 우리말은 어미 부분의 중첩을 피하는 간접인용이 발달했다. 문제는 간접인용문에 겹따옴표를 붙이면서 비롯됐다.

'~에 따르면 ~라고 한다'를 피하자

앞의 글에 나온 직접인용(명인법(明引法)이라고도 한다) 문장의 전달동사에 해당하는 부분은 '여쭈오되' '하는 말이' 등이다. 전달동사에 해당하는 부분은 중복되지 않는다. '여쭈오되 ~하고 물었다' 식의 표현은 드물게만 나온다. 예를 들면 다음과 같은 문장들에 그런 표현이 나온다.

▷임금이 들으시고 말씀하시되, "임금을 사랑하는 마음이 매우 간절하니 나의 고굉지신이로다" 하시고 즉시 삼도어사를 제수하시니, 어사가 하직하고 물러나 곧장 행차한다.

▷어사가 이 말을 듣고 도리어 가련하게 여겨 말하되, "아무리 싫어도 잠깐 눈을 들어 자세히 보라" 하니, 춘향이 그 말을 듣고 의아하여 눈을 들어 살펴본즉 의심 없는 이 도령이라.

동사 앞에 목적어를 두는 우리말의 구조 때문에 직접이든 간접이든 다른 말을 전할 때 'ㅇㅇㅇ가 말하길 ~라고 했다' 식으로 전달동사를 반복하는 실수를 저지를 수 있다. 마찬가지로 'ㅇㅇㅇ 에 따르면 ~라고 한다'는 표현도 자연스럽지 않다. 다음 두 개의 예문을 읽어보자.

▷21일 수도권에 내린 집중호우로 청와대 일부 건물도 수해를 입었다고 24일 관계자들이 전했다. 청와대 홍보수석실 관계자들에 따르면 비서동인 '위민3관'에 있는 뉴미디어비서관실의 천장에서 빗물이 떨어져 직원들이 바닥을 닦아내느라 애를 썼다 한다.

▷"고향이 그리워 꿈속에서나 생시에나 60년 세월을 흐느껴 울며 살았다."

올해 4월 탈북한 뒤 6개월째 중국 현지 영사관에 머물고 있는 국군포로 김모(84) 씨가 고국송환을 바라는 21장 분량의 탄원편지를 보내왔다. 자유선진당 박선영 의원이 이달 이 영사관을 방문해 직접 받은 편지에 김 씨는 지난 60년의 역경과 송환에 대한 간절한 바람을 빼곡히 담았다.

편지에 따르면 김 씨는 스물네 살이던 1950년 10월 입대해 이듬해 강원도 인제·양구 인근 전투에서 머리에 총상을 입고 쓰러져 의식을 잃었다고 한다. 동료들은 그가 사망한 줄 알고 군번줄만 회수한 후 퇴각해 남한에선 전사처리까지 됐지만, 김 씨는 며칠 뒤 의식을 회복해 인민군에게 포로로 잡혔다.

첫째 예문 중 마지막 단어 '한다'는 군더더기다. 마찬가지로 둘째 예문에서 '편지에 따르면 김 씨는 스물네 살이던 1950년 10월 입대해 이듬해 강원도 인제·양구 인근 전투에서 머리에 총상을 입고 쓰러져 의식을 잃었다고 한다'에서 마지막의 '고 한다'는 지워야 한다.

'~에 따르면'은 영어로는 'according to~'다. 다음 영어 예문을 보면 'according to~'가 이끄는 구 다음에는 전달동사에 해당하는 단어 없이 곧바로 온전한 문장이 온다는 것을 알 수 있다.

▶According to market sources on October 17, Korean shipbuilders received 1.21 million tons of orders in September, while Japanese firms obtained 0.73 million tons. (10월 17일 시장 관계자에 따르면 9월에 일본 조선업계는 73만 톤의 물량을 수주한 데 비해 한국 조선업계는 121만 톤의 물량을 수주했다.)

'~라고 한다'를 자주 쓰지 말자

사실을 전하는 글에서 '~라고 한다'는 쓰지 않는 편이 낫다.

▷조금 기다리니 펄펄 끓는 복국이 나왔다. 고춧가루를 풀어 얼큰한 게
아니고 지리였다. 주인아주머니는 "복은 지리로 해야 제 맛을 느낄 수
있다"고 설명했다. 굳이 얼큰한 것을 원하는 사람에겐 고춧가루를 따로
준단다.

OO복집은 지난 1996년에 문을 열었다. 그 전에 홍대앞과 송파 등에서
20여 년 정도 영업을 했다고 한다. 복요리를 한 지 30년이 넘었다는
것이다.

그런데 복 이외에도 메뉴는 다양했다. 활어회와 아구찜, 전복해물찜,
모듬물회 등은 물론이고 간단한 음식으로 대구양념구이나 알탕, 대구
탕 등도 있다. 복요리 값에 부담을 느끼는 젊은 손님들을 배려한 것이
란다.

'~준단다' '~했다고 한다' '넘었다는 것이다' '배려한 것

이란다' 등 주인의 말을 대부분 간접인용했다. 이 가운데 사실을 전하는 부분은 간접인용하지 말고 그냥 진술하는 방식이 좋지 않을까 싶다. "굳이 얼큰한 것을 원하는 사람에겐 고춧가루를 따로 준다"는 주인의 말을 간접인용하기보다는 확인해보고 그게 사실이라면 그냥 '굳이 얼큰한 맛을 원하는 사람에겐 고춧가루를 따로 준다'고 쓰면 된다. 이 문장의 주어는 바로 앞의 문장에서와 같이 '주인아주머니'다.

'복요리 값에 부담을 느끼는 젊은 손님들을 배려한 것이란다' 역시 '~배려한 것이다'로 바꾸는 게 나을 것 같다. 이 집이 '복요리를 한 지 30년이 넘었다'는 것 또한 음식점 벽에 걸린 조리사 자격증 같은 자료를 통해 사실로 확인된다면 '복요리를 한 지 30년이 넘은 것이다(또는 넘었다)'라고 하는 게 더 좋다.

한 가지 더. '20여 년 정도'에서 '20여 년' 자체가 어림한 기간이므로 '정도'는 군더더기다. '20여 년'이라고만 쓰거나 '20년 정도'라고만 쓰는 것으로 충분하다.

33

우리는 들은 대로 전하지 않는다

이제 간접인용(암인법(暗引法)이라고도 한다)으로 넘어간다. 기자는 본 일과 들은 이야기를 가감 없이 적어 전한다. 공연이나 스포츠 담당 기자는 업무의 상당부분이 직접 보고 기록하는 것이겠다. 그러나 대부분의 기자는 직접 보지 못한 일에 관한 이야기를 전해 듣는다. 모든 순간 모든 현장에 유비쿼터스하게 존재하지 못하기 때문이다. 취재원이 들려준 이야기 가운데 사실로 확인됐거나 사실이 아닐 리 없는 부분은 겹따옴표 없이 직접 쓴다. 취재원의 입에서가 아니면 나올 수 없는 생생한 소회나 뒷얘기는 겹따옴표에 넣어 직접인용 형식으로 처리한다.

우리말에는 '순수한 직접인용' 형식이 드물다. '입말'을 그대로 적고 전하는 게 좋은 글이라지만, 우리는 말할 때에도 들은 대로 전하지 않는다. 이런 식이다.

▶OOO은 "현재의 불황을 새 경제팀의 힘과 지략으로 극복할 수 있다고 과신하는 것은 금물"이라고 조언했다.

○○○이 따옴표 속의 문구 그대로 말하지 않았다는 건 누구나 안다. 그는 아마 다음과 같이 말했을 것이다. "현재의 불황을 새 경제팀의 힘과 지략으로 극복할 수 있다고 과신하는 것은 금물입니다." 따라서 위 문장은 간접인용이다.

우리말은 간접인용을 더 좋아한다. 대통령이 "우리가 두려워할 것은 두려움 그 자체입니다"라고 말했다고 하자. 이 말을 전할 때 직접인용한다면 다음과 같이 쓸 것이다.

▶대통령은 "우리가 두려워할 것은 두려움 그 자체입니다"라고 말했다.

간접인용은 다음과 같이 한다.

▶대통령은 우리가 두려워할 것은 두려움 그 자체라고 말했다.

그런데 간접인용의 경우는 어디서부터 어디까지가 누가 한 말인지가 잘 파악이 안 되고 생생함이 떨어지는 약점이 있다. 그래서 간접인용이면서도 전하는 내용 부분을 구분하기 위해 다음과 같이 겹따옴표를 치게 됐다. 직접인용과 간접인용을 절충한 형식이다.

▶대통령은 "우리가 두려워할 것은 두려움 그 자체"라고 말했다.

요즘 이런 형식에서 벗어난 문장이 많이 눈에 띈다.

▷대통령은 "우리가 두려워할 것은 두려움 그 자체이다"라고 말했다.

위 문장에는 '이다' 가 끼어들었다. 다음과 같이 쓰는 게 더 낫다.

▶대통령은 "우리가 두려워할 것은 두려움 그 자체"라고 말했다.

몇 가지 예를 더 들겠다.

▷대통령은 "우리가 극복하지 못할 장애는 없을 것이다"라고 말했다.
▶대통령은 "우리가 극복하지 못할 장애는 없을 것"이라고 말했다.

▷그는 "마치 전통적인 의미의 신문사가 디지털 시대가 오자 컨버전스
에서 애를 먹은 것과 비슷한 상황이다"고 덧붙였다.
▶그는 "마치 전통적인 의미의 신문사가 디지털 시대가 오자 컨버전스
에서 애를 먹은 것과 비슷한 상황"이라고 덧붙였다.

▷고대 그리스 철학자 소크라테스는 "요즘 아이들은 버릇이 없어 말세
다"라고 말한 적이 있다고 한다.
▶고대 그리스 철학자 소크라테스는 "요즘 아이들은 버릇이 없어 말

세"라고 말한 적이 있다고 한다

또 '라'가 필요 없는 곳에까지 '라'를 마구 붙인다.

▷대통령은 "역사를 공부하면서 그런 전철을 밟지 않기 위해 조심하는
자세로 국정을 운영했다"라고 말했다.
▶대통령은 "역사를 공부하면서 그런 전철을 밟지 않기 위해 조심하는
자세로 국정을 운영했다"고 말했다.

까다로운 건 '~아니다'로 끝나는 문장을 전할 때다. 대통령이
아래와 같이 말했다고 하자.

▶"현 상황이 어렵다고 하지만 극복하지 못할 위기는 아닙니다."

이 말을 전할 때 다음과 같이 하는 사례가 종종 눈에 띈다.

▷대통령은 "현 상황이 어렵다고 하지만 극복하지 못할 위기는 아니
다"라고 말했다.

우리는 입으로는 '아니라고 말했다'고 말한다. '아니다 라고
말했다'고 말하지 않는다. 그러므로 이때엔 다음과 같이 과감히

겹따옴표를 벗겨내는 편이 낫지 않을까.

▶대통령은 현 상황이 어렵다고 하지만 극복하지 못할 위기는 아니라고

말했다.

이정민(서울대 명예교수, 언어학) 씨는 다음과 같이 설명한다.

김 과장은 자기가 제일이다고 믿는다.

지정사 ‘이’ 다음에 내포문 서술형 종결어미로 ‘다’가 아닌 ‘라’가

와야 하는데, 이를 어겼다. 내포문에서는 ‘이’ 다음에 ‘다’가 ‘라’로

바뀌어 ‘~고’가 이어진다. ‘아니다’도 내포되어, ‘~고’로 이어질

때에는 ‘아니라고’로 바뀌어야 한다. ‘아니다고’는 표준어가 아니다.

이정민, 학술 · 언론에 나타나는 국어 구문상의 문제점,

이기문 · 심재기 · 이정민 · 소흥렬, 《한국어의 발전방향》, 민음사, 1990

34

간접인용문 속 단어 변화

우리는 간접인용을 할 때 전달하려는 문장 속 단어를 바꾼다.

▶그는 다음과 같이 말했다. "만약 지면사정 상 기사를 싣지 못했다면 온라인에라도 띄워주세요."

이 문장을 전할 때 우리는 다음과 같이 말한다.

▶▶그는 "만약 지면사정 상 기사를 싣지 못했다면 온라인에라도 띄워달라"고 말했다.

앞에서 설명한 대로 편의상 겹따옴표가 쳐졌지만 겹따옴표 속 문장은 실제의 말과 다르다. 우선 반말로 바뀌었다. 간접인용에서는 존대어미가 잘린다.

달라진 부분은 더 있다. '주라'는 동사가 '달라'는 동사로 대치됐다. 존대어미를 잘라내면서 더 정중한 단어로 바꾼 게 아닌가

싶다. 간접인용에서는 동사를 문어체의 단어로 대체하는 경향이
있다.

▶"이것 좀 써라."

▶▶그는 "이것 좀 쓰라"고 말했다.

▶"이제 공부해라."

▶▶그는 "이제 공부하라"고 말했다.

▶"장난치지 마라."

▶▶그는 "장난치지 말라"고 말했다.

▶"행사 준비는 다 했냐?"

▶▶그는 "행사 준비는 다 했느냐"고 물었다.

▶"피할 수 없으면 즐겨라."

▶▶그는 "피할 수 없으면 즐기라"고 말했다.

그래서 다음과 같이 쓰게 된다.

▶정만원 SK텔레콤 사장은 최근 자사의 스마트폰 서비스를 통해 회사

업무를 볼 수 있는 '모바일 오피스' 구축을 A기업에 제안했다. A사는

정 사장에게 "SK그룹은 모바일 오피스를 구축했느냐"고 물었다.

35

부적절하게 남발되는 간접인용 표현

마지막으로 간접인용 표현의 부적절한 확산을 문제점으로 지적하고자 한다. 다음 예문을 보자.

> ▷나이가 많다는 것은 특정 부분-예를 들면 IT 기기나 문화-에서 경험이 적다라는 의미가 됐다.

'나이가 많은 것'이면 될 명사구를 마치 다른 사람이 한 말을 옮기듯 '나이가 많다는 것'으로 늘어지게 표현했다. 또 '경험 부족을 뜻하게 됐다', '경험이 적음(부족함)을 의미하게 됐다', '경험이 적은 것을 의미하게 됐다' 등으로 쓰면 되는 것을 '경험이 적다라는 의미가 됐다'고 썼다. '경험이 적은 것'을 떠올리기보다 '경험이 적다'는 문장을 먼저 떠올리는 언어습관이 퍼진 탓이다. 예를 더 들겠다.

> ▷하지만 치료비 부담이 크다는 것이 가장 큰 문제다.

‘치료비 부담이 크다’가 문제다. ‘치료비 부담이 크다’를 명사구로 바꾸면 ‘치료비 부담이 큰 것’이 된다. ‘치료비 부담이 크다는 것’은 어색하다. ‘치료비 부담이 큰 것이 가장 큰 문제다’가 자연스럽다. ‘치료비 부담이 크다는 것이 가장 큰 문제’라고 표현하는 것이 더 큰 문제다. 몇 가지 더 살펴보자.

▷우렁이라는 동물은 제한된 서식환경으로 한 장소에서 다른 장소로의 이동이 어렵다고 하는 핸디캡이 있다.

▶우렁이라는 동물은 서식환경의 제한으로 한 장소에서 다른 장소로 이동하기 어려운 핸디캡이 있다.

▷영업 관련 실적이 부진하다는 것이 이번 승진에 걸림돌로 작용했다.

▶영업 관련 실적이 부진한 것이 이번 승진에 걸림돌로 작용했다.

▷사랑한다는 것이 무슨 잘못인가요.

▶사랑하는 것이 무슨 잘못인가요.

▷사랑했다는 게 무슨 잘못인가요.

▶사랑한 게 무슨 잘못인가요.

▷글을 쓴다는 것은 여간 골치 아픈 일이 아니다.

▶글을 쓰는 것은 여간 골치 아픈 일이 아니다.

▷비용이 싸다는 장점이 있지만 호르몬 의존성 암(유방암과 자궁내막암)이 발생할 수 있다는 위험도 있다.

▶비용이 싼 장점이 있지만 호르몬 의존성 암(유방암과 자궁내막암)이 발생할 위험도 있다.

▷여러 가지 규격이 다른 나라와 다르다는 것도 특징이다.

▶여러 가지 규격이 다른 나라와 다른 것도 특징이다.

'~한다는 것'을 일절 쓰지 말자는 얘기는 아니다. 이 표현이 필요한 때가 있다. 다음 두 문장을 비교해보자.

▶도시는 외지인으로 북적였지만 정작 그 도시 사람 가운데 돈을 번 이는 없었다.

▶도시는 외지인으로 북적였지만 정작 그 도시 사람 가운데 돈을 벌었다는 이는 없었다.

앞 문장에서 '돈을 번 이는 없었다'가 사실을 전달한다면, 뒤 문장에서 '돈을 벌었다는 이는 없었다'는 사실을 전달하는 게 아니라 당사자가 드러내는 사항을 전달한다. 즉 뒤의 문장은 돈을 번 사람이 있지만 그가 그런 사실을 드러내지 않는 상황도 포함한다. 이에 비해 앞 문장은 '돈을 번 사람은 없다'고 전한다. '돈을 벌었다는' 이 남의 말을 전하는 간접인용임을 이해한다면 두 문장의 차이를 뚜렷하게 알 수 있다.

또 '~한다는 것'과 같은 표현이 호소력이 더 클 때가 있다. 경향 각지에서 크고 작은 회사를 운영하는 고독한 사장님들의 심금을 울린 책의 제목 《사장으로 산다는 것》이 그런 경우다. '사장으로 사는 것' 보다 '사장으로 산다는 것' 이 사장이 살아가는 현실을 더 절실하게 느끼게 한다.

숫자는 헷갈려

일상생활에서 우리는 숫자를 피할 수 없다. 피하지 못한다면 정확히 쓰자. 이 장에서는 숫자와 관련한 기술적인 표현과 논리를 몇 가지 살펴본다. 아울러 숫자는 그것이 일정 기간에 대한 것인지, 특정 시점에 대한 것인지를 가려 써야 하는 점을 짚어본다. 아울러 영어의 영향으로 증가와 상승이 혼용되는 문제 등을 다룬다.

36

‘만에’ ‘중’ ‘래’

▷일본에서는 2월 중 소매판매가 전년 같은 달에 비해 4.2% 증가했다. 2월 소매판매 증가율은 13년 만의 최고치를 기록했다.

여기서 ‘만의’는 틀리다. ‘만에’가 맞다. ‘~만에’는 다시 어떤 행위가 이뤄지거나 다시 어떤 상태가 됐을 때 쓰인다.

▶이거 얼마 만인가? 우리가 다시 만난 건 3년 만이지, 아마.
▶어제는 오랜만에 한강 둔치 길을 달렸다.

‘주가가 3일 만에 다시 상승세로 돌아섰다’는 주가가 이틀 하락한 뒤 사흘째에 다시 올랐음을 뜻한다.

‘~만에’는 다른 용례도 있다. 딱 떨어지는 수치에 이르렀을 때 그렇게 되는 데 걸린 기간을 가리킨다.

▶나스닥지수는 1000을 넘어선 지 5년 만에 5000을 돌파했다.

▶한국은행은 올해 연간 성장률이 6%를 넘을 수 있을 것으로 전망했다. 그렇게 될 경우 실질 국내총생산(GDP)은 사상 처음 1000조 원을 돌파해 15년 만에 갑절로 커지게 된다.

'최고치'는 어떤 수준에 다시 이른 것을 이르는 단어가 아니다. '사상 최고치'가 아닌 한 '최고치'는 일정 기간 중 최고치를 뜻한다. 예를 들면 '13년 만에 최고치'가 아니라 '13년 중 최고치'라고 하는 게 맞다.

▷중국의 물가가 두 달 연속 당국의 통제목표선(3%)을 넘어섰다. 8월 물가는 2008년 10월(4% 상승) 이후 22개월 만에 최고치를 기록했다.
▶중국의 물가가 두 달 연속 당국의 통제목표선(3%)을 넘어섰다. 8월 물가는 2008년 10월(4% 상승) 이후 22개월 중 최고치를 기록했다.

2011년 초에 전세 공급이 부족한 현상이 관련 조사가 시작된 2004년 이후 가장 심각한 것으로 나타났다. 한 신문은 그런 상황을 보도하면서 '겨울철 전세 부족 8년 새 가장 심각'이라는 제목을 달았다. 이 제목 대신 '겨울철 전세 부족 8년 중 가장 심각'이라고 해도 된다. 그러나 '8년 만에 가장 심각'이라고 하면 영 어색하다. '~만에'를 쓰느니 다음과 같이 아예 '중'을 빼고 기간과 최고치를 붙여 쓰는 편이 낫다.

▶전날 장중에 엔화 가치가 15년 최고치인 달러당 83.52엔까지 상승하는 등 엔고 현상이 지속되고 있다.

'중'과 비슷한 단어로 '~래(來)'가 있다. 원래는 '2000년래 최대 풍작' 식으로 어느 시점 이후라는 뜻으로 쓰였으리라고 짐작된다. 그러다 듣는 이를 위해 기간을 셈해서 '10년래 최대 풍작' 식으로 바뀌었지 싶다. 예를 들어 다음과 같이 사용된다.

▶태국 바트화가 지난주 달러에 대해 13년래 최고치를 기록했다.

'포인트'는 '차이'에

▶한국은행 금융통화위원회는 13일 정례회의를 열고 연 2.50%인 기준금리를 2.75%로 0.25%포인트 올리기로 했다.

'포인트'는 이 문장에서처럼 비율의 차이를 표시할 때 그 뒤에 붙인다. 두 숫자 2.50%와 2.75%를 비교하면 금리 차이는 0.25%가 맞다. 그런데 0.25%는 2.50%의 10%다. 즉 금리 2.50%에 금리 0.25%가 더해지면 이자가 지금보다 10%나 더 붙게 된다. 그래서 헷갈리지 않도록 뺄셈한 금리 차이엔 포인트를 붙이게 됐다.

▶다른 항공사의 비행기에 비해 우리가 운항중인 비행기가 새것이고 기름값 변동에 대한 헤징도 잘한 덕에 매출에서 기름값이 차지하는 비중이 30.8%로 경쟁사보다 10%포인트 가까이 낮은 편이지만 기름값이 더 오르면 수익성이 떨어질 수밖에 없다.

이 문장에서처럼 '매출에서 기름값이 차지하는 비중'이 '경쟁사보다 10%포인트 낮은 것'은 '기름값'이 '경쟁사보다 10% 적은 것'과 다르다. 경쟁사에 비해 규모가 작아서 기름값이 10% 덜 든다고 하자. 그런데 효율이 낮다면 매출에서 기름값이 차지하는 비중은 경쟁사보다 클 수 있다. 반대로 효율이 좋아 매출에서 기름값이 차지하는 비중이 경쟁사보다 10% 낮은 회사를 생각해보자. 그런데 규모가 경쟁사보다 훨씬 크다면 기름값은 경쟁사보다 더 많이 들 수 있다.

비율 외에 지수를 비교할 때에도 차이에 포인트를 붙인다.

▶지난주 종합주가지수는 38.25포인트 하락한 2069.92로 마감됐다.

지수의 차이가 아닌 지수 자체에 포인트를 붙이면 안 된다. 다음 문장에서는 '포인트'를 빼야 한다.

▷2010년에 주가지수 2000포인트를 3년여 만에 달성한 것은 세계경제의 회복과 견실한 우리 경제의 펀더멘털 덕분이기도 하지만 장기·분산 투자문화의 정착 등 우리 주식시장의 질적 개선 덕분이기도 하다.

38

누가 소수점 아래 두 자리까지 따지나

원둘레의 어림값은 원의 지름에 3을 곱하면 얻을 수 있다. 더 정확한 수치를 원하면 3.1을 곱하면 된다. 원의 지름이 100cm이면 첫째 곱의 결과는 300cm이고, 둘째 곱의 결과는 310cm가 된다. 10cm 차이난다. 오차를 줄이기 위해 3.14를 곱하면 원둘레는 314cm가 된다. 이제 정확한 값과 오차는 1cm 이내로 줄었다. 왜냐하면 3.141을 곱하면 원둘레가 314cm 1mm로 나오기 때문이다.

정밀기계를 제작하는 데 필요한 계산이 아니라면 원주율을 3.14보다 소수점 아래 숫자가 더 많은 수치로 적용할 필요가 없다. 우리네 일상생활에서는 소수점 아래 숫자가 이보다 덜 필요하다. 사실을 전하는 글 대부분에서는 소수점 아래 숫자를 하나만 써도 충분하다. 소수점을 아예 찍을 필요가 없는 경우도 많다. 아래 글을 살펴보자.

▷전년 동월 대비 올 2월 중고가구 쇼핑몰의 방문자 수는 15.43% 증가했다. 이 외에 방문자 수 증가율이 중고가전 쇼핑몰 345.76%, 중고

도서 쇼핑몰 128.11%, 중고차 쇼핑몰 12.07% 등으로 중고물건을 찾는 사람들이 폭발적 증가세를 보이고 있다.

이 예문에서 소수점 아래 두 자리는커녕 소수점 아래 한 자리도 필요하지 않다. 비율을 나타내는 네 수치가 서로 뚜렷하게 차이난다. 큰 비율부터 나열하면 345.76%, 128.11%, 15.43%, 12.07%다. 이 네 비율을 각각 반올림해 346%, 128%, 15%, 12%라고 해도 괜찮다.

▷의사들은 자신의 건강관리법으로 걷기를 가장 선호하는 것으로 나타났다. 23일 순천향대병원이 소속 의사 148명을 대상으로 '나의 건강비법'에 대해 설문조사한 결과에 따르면 이 병원 의사들은 걷기(33.6%)에 이어 규칙적인 운동(27.0%), 유산소운동과 근력운동(13.1%), 달리기(5.7%), 맨손체조와 스트레칭(4.1%) 등을 꼽았다.

여기서도 소수점 아래를 쓰지 않아도 된다. 답변 비율을 반올림해 34%, 27%, 13%, 6%, 4%로 쓰는 편이 전하고자 하는 사실을 더 잘 전한다. 독자 중 소수점 아래 한 자리까지 기억하는 사람이 몇이나 될까.

39

증가와 배

'배(倍)'는 어떤 수나 양에 곱하기 2를 한 값을 가리킬 때 쓰는 단어다. 비슷한 말로는 '갑절' '곱' '곱절'이 있다. 몇 가지 용례를 들면 다음과 같다.

▶채소 가격이 배로 올랐다.

▶힘이 세 배나 들었다.

▶속도가 네 배로 빨라졌다.

'얼마만큼 증가했다'고 할 때에는 '얼마만큼'이 증가폭을 가리킨다. 그런데 '두 배로 증가했다'를 '두 배 증가했다'로 잘못 쓰는 경우가 자주 눈에 띈다. '두 배 증가했다'는 말은 '세 배가 됐다'와 같은 뜻이다. 다음 문장이 바로 그런 사례다.

▷시장조사 업체에 따르면 북미지역 스마트폰 시장 규모는 지난해 4800만 대로 2년 새 두 배 이상 급증했다.

'배'는 대개 증가한 결과가 원래 숫자의 몇 배인지로 표시한다. 왜 그런지 이해하기는 어렵지 않다. 예를 들어 지난 30년 동안 집값이 15배가 됐다고 하자. 이를 증가폭을 명시해 '지난 30년 동안 집값이 14배 올랐다'로 쓰는 사람은 많지 않을 것이다. '15배가 됐다'가 훨씬 쉽게 와 닿기 때문이다. 다음은 '배'를 제대로 쓴 문장이다.

▶한국은행은 올해 연간 성장률이 6%를 넘을 수 있을 것으로 전망했다. 그렇게 될 경우 실질 국내총생산(GDP)은 사상 처음 1000조 원을 돌파해 15년 만에 배로 커지게 된다.

40

상승, 증가, 성장, 확대

우리말은 한자의 영향을 받아 숫자와 관련한 단어가 발달했다. 숫자와 관련한 단어를 쌍을 지어 열거하면 다음과 같다. 높다/낮다, 상승/하락, 인상/인하, 향상/저하, 증가/감소, 성장/위축, 확대/축소, 증액/삭감.

높다/낮다, 상승/하락(오르다/내리다), 인상/인하는 지수, 가격, 물가, 금리, 온도 등을 가리켜 쓴다. 높다/낮다는 상태를, 상승/하락(오르다/내리다)은 상태의 변화를 표현할 때 쓰고, 인상/인하는 인위적으로 수준을 높이거나 낮추는 걸 나타낼 때 쓴다. 향상/저하는 수량이 아닌 비율에 대해 쓰인다. 향상/저하는 효율, 생산성, 기억력 같은 개념과 어울린다. 증가/감소, 성장/위축, 확대/축소, 증액/삭감은 수량, 면적, 부피, 금액과 같은 개념에 활용된다.

이런 점을 고려하면 다음 문장은 어색하다.

▷물가가 비정상적으로 오르기 전에는 소비가 상승할 것으로 본다.

▷지난 10년 동안 국내 물가 인상률은 약 29.3% 상승한 것으로 나타

났습니다.

물가는 오르거나 내리거나 제자리에 머문다. 정책당국은 대개 물가를 내리고 싶은 마음이 굴뚝같고, 물가를 통제하거나 억제하기 위한 당국의 정책이 일시적으로 성과를 내기도 한다. 그러나 물가는 인상하거나 인하하는 대상이 아니라 오르고 내리는 지수다. '물가가 높아졌다'는 표현 역시 어색하다. 소비는 상승하거나 하락한다고 하기보다 증가하거나 감소한다고 하는 편이 자연스럽다.

예로 든 문장 가운데 '물가 인상률은 약 29.3% 상승한'이라는 구절의 오류는 '상승'을 '인상'으로 잘못 쓴 데 그치지 않는다. '물가상승률이 29.3%에 이르렀다'는 말을 하고자 했을 텐데, 생각이 꼬여 '비율이 상승했다'고 중언부언한 것도 오류다.

우리말에는 극단과 관련한 단어도 여러 가지가 있다. 최대/최소, 최고/최저, 최장/최단 등이 그것이다.

▷최대 20년까지 보증.

이 문구에서 '최대'는 '최장'으로 바꾸는 게 자연스럽다. 거리나 기간에는 '최장', 크기에는 '최대', 높이나 지수에는 '최고'가 맞다.

이 점에서 영어는 우리말보다 덜 까다롭다. 영어에서는 상승/하락과 증가/감소를 섞어 쓴다. '증가'를 쓸 자리에 '상승'을 넣거나 '상승'이 적합한 자리에 '증가'를 넣기도 한다. '상승'에 해당하는 영어 단어는 'rise'다. '증가'에는 주로 'increase'를 쓴다. 용례를 몇 가지 들면 다음과 같다.

▶Shares of Exxon rose 55 cents, or 0.84 percent, to $66.22 on Thursday. (엑손 주가는 목요일에 55센트, 0.84퍼센트 올라 66.22달러가 됐다.)

▶Exxon Mobil, the world's largest publicly traded company, reported on Thursday a larger-than-expected 55 percent rise in third-quarter profit, helped by higher crude oil prices and increased production of natural gas. (세계 최대 상장회사인 엑손모빌는 3분기 이익증가율이 55%라고 발표했다. 시장의 예상치를 뛰어넘은 이 이익증가율은 원유 가격 상승과 천연가스 생산량 증가에 힘입었다.)

▶To increase output, Mr. Voser plans to invest in new projects in Qatar, China and the United States. (생산량을 늘리기 위해 보서 씨는 카타르와 중국, 미국의 새 프로젝트에 투자할 계획이다.)

영어에서 인하할 때, 즉 낮출 때엔 lower를 쓰고 인상할 때, 즉 높일 때엔 raise를 쓴다.

▶The Federal Open Market Committee decided today to lower its target for the federal funds rate 50 basis points to 4-3/4 percent. (연방공개시장위원회는 정책금리인 연방기금금리 목표치를 50베이시스포인트, 즉 0.5%포인트 낮춰 4.75%로 잡았다.)

▶The Federal Open Market Committee decided today to raise its target for the federal funds rate by 25 basis points to 4-1/2 percent. (연방공개시장위원회는 정책금리인 연방기금금리 목표치를 4.5%로 25베이시스포인트, 즉 0.25%포인트 인상했다.)

매출에는 '상승' 보다 '증가' 가 어울린다. 물가에는 '증가' 보다 '상승' 이 낫다. 그런데 영어는 '상승' 과 '증가' 를 거리낌 없이 혼용한다. 우리말에 영어 따라 하기가 심한데, 이러다간 우리도 '물가가 많이 증가했다' 는 말을 자주 듣게 될지도 모르겠다. 아래에 예로 든 두 개의 영어 구절을 각각의 번역문과 비교해가며 읽어보라.

▶Chinese leaders have repeatedly made clear over the

years that fighting inflation is a top priority, because it could fuel social unrest. And they have publicly set a target of not allowing the annual increase in consumer prices to reach 5 percent again. (중국 지도자들은 지난 수년 동안 사회적 불안을 일으키는 요소인 인플레이션과의 싸움이 최우선 과제임을 반복해 천명했다. 중국 지도자들은 연간 소비자물가 상승률이 재차 5%에 이르지 못하도록 하는 억제목표를 공개적으로 설정했다.)

▶Crude oil inventories rose last week by more than 5 million barrels as a result of weak demand, the largest increase since July. (지난주 원유 재고가 수요 부진으로 인해 500만 배럴 이상 증가했다. 이는 7월 이후 가장 큰 증가폭이다.)

41
유량과 저량

경제에서는 숫자를 많이 다룬다. 국내총생산(GDP), 매출, 영업이익, 총자산….

이 가운데 GDP와 매출, 영업이익은 유량(流量)이고, 총자산은 저량(貯量)이다. 유량은 일정한 기간에 걸쳐 측정된다. 저량은 어떤 시점에 측정된다. 영어로 유량은 flow, 저량은 stock이다. 올해 저축액은 유량이고, 다년간 저축으로 쌓인 예금자산은 저량이다.

어떤 기간의 인구증가는, 국가간 인구이동이 없으면, 출생자 수에서 사망자 수를 뺀 만큼 이뤄진다. 그 결과는 그 기간 말 인구가 된다. 따라서 전체 인구를 말하려면 'OOOO년'이 아니라 'OOOO년 말'처럼 시점을 알려줘야 한다.

▷지난해 전국의 커피 프랜차이즈 가맹점 수는 3000곳이 넘는 것으로 추산된다.

이 예문은 잘못된 문장이다. 커피 프랜차이즈 가맹점 수는 기간별 순증의 숫자가 쌓인 결과다. 지난해 전국의 커피 프랜차이즈 가맹점 수는 ○○○곳 늘었을 수 있지만 ○○○○곳일 수는 없다. 전체 프랜차이즈 가맹점 수를 말할 때엔 지난해 중 어떤 시점인지를 명기해야 한다. 예를 들면 '지난해 말 전국의 커피 프랜차이즈 가맹점 수는 ~' 이라고 해야 한다. 마찬가지로 아래 예문에서 '지난해' 는 지난해의 어떤 시점으로 바꿔야 한다.

▷지난해 한국 가계의 금융자산 규모는 국내총생산(GDP)의 1.8배였다. 미국(3.2배), 영국(3배), 일본(3.1배)에선 모두 가계 금융자산이 GDP의 3배를 넘었다. 아직 한국은 선진국만큼 '벌어서 쓰고 남은 돈을 축적할 여유'를 갖고 있지 않다는 뜻이다.

다음 예문에서 잘못된 곳을 찾아보라.

▷SK에너지는 2차전지 분리막을 세계에서 세 번째로 개발했다. 분리막은 2차전지 내 양극과 음극을 분리하는 핵심 소재다. 기술개발이 어려워 전 세계 5개 업체가 시장의 95%를 과점한다. SK에너지의 2010년 말 현재 세계시장 점유율은 8~9%로 추정된다.

시장점유율은 일정 기간에 판매된 실적을 놓고 따지는 수치다.

따라서 이 예문에서 '2010년 말 현재 세계시장 점유율' 은 '2010년 세계시장 점유율' 로 고쳐야 한다.

시점과 기간

'유량과 저량'에 관한 표현 못지않게 자주 틀리는 게 '시점과 기간'에 관한 표현이다.

▷성적도 자연히 바닥을 헤어 나오지 못했다. 그러던 그가 달라졌다. 고3 여름방학부터 시작한 공부에 재미를 붙였다. 지금은 졸업 전에 삼성그룹에 최종 합격했다.

'~부터'는 일정 기간 계속되는 행위에 쓰인다. 예를 들어 지금이 6월인데 "나는 3월부터 이 학원에 다녔어"라고 말하면 나는 3개월 동안 이 학원에서 공부했음을 뜻한다. 그런데 '시작'은 특정 시점에 한 번만 이뤄진다. 따라서 '고3 여름방학부터 시작한 공부'는 틀린 표현이다. '고3 여름방학에 시작한 공부'가 맞다.

▷ '버라이즌 와이얼리스'는 지난해 말부터 미국 주요 도시 38개와 60개 공항에서 LTE 상용화 서비스를 시작했다.

이 문장에서도 '부터'를 '에'로 바꾸는 게 맞다.

'시작' 외에 '입학' '출범' '설치'와 같이 어느 한 시점에 행위가 벌어지거나 완료되는 단어도 '~부터'와 어울리지 않는다. 따라서 다음 예문에서 '올해 초부터'는 '올해 초에'라고 해야 한다.

▷북스리브로는 올해 초부터 을지점, 분당점 등 오프라인 4개 지점에 헌책방 코너를 따로 설치했다.

첫째와 첫 번째

첫째와 첫 번째 중 하나를 택하는 일은 유의하지 않으면 틀리기 쉽다. 첫째, 둘째, 셋째는 여러 사람이나 사물을 하나하나 순서를 정해 가리킬 때 쓰인다. 첫 번째, 두 번째, 세 번째는 한 행위가 반복될 때 그 순서를 일컫는다. 아이 셋을 둔 어머니는 맏이를 가리켜 "우리 첫째 아이"라고 말하지 "우리 첫 번째 아이"라고 말하지 않을 것이다. 반면 출산의 경험을 이야기할 때엔 "첫 번째 산고는 정말 지독했어"라고 말할 것이다.

▷두 번째 도시는 산둥성 지난이다. 세 번째 도시로는 최고 관광지 중 한 곳인 항저우가 꼽혔다. 네 번째는 광저우의 대표적 공업도시인 동관이 선정됐다.

순서를 매기고 열거하는 문장이다. 따라서 '두 번째, 세 번째, 네 번째'가 아니라 '둘째, 셋째, 넷째'가 맞다.

▷청송월드컵은 유럽 외 지역에서 열리는 첫째 아이스클라이밍 대회다.

이 문장보다는 '청송월드컵은 유럽 외 지역에서 열리는 첫 번째 아이스클라이밍 대회다'가 더 낫다. 그러나 이렇게 바꾸어도 역시 어설프다. 의미가 자연스럽게 전달되는 '첫 번째로 열리는' 대신 '열리는 첫 번째'라고 뒤집어 썼기 때문이다. 더 나아가 '첫 번째' 대신 '처음'을 택해 다음과 같이 바꾸면 좋겠다.

▶청송월드컵은 유럽 외 지역에서 처음으로 열리는 아이스클라이밍 대회다.

44

'에서'와 '에'

'에서'와 '에'는 한 글자 차이이지만 쓰임이 다르다.

'에'는 위치를 가리키는 데 쓰인다. 어떤 장소에 있고, 머물고, 세우고, 지을 때 '~에'를 쓴다. '바닥에 침을 뱉지 마세요'처럼 어떤 위치로의 움직임을 나타낼 때에도 활용된다.

'~에서'는 그 장소에서 동작이 이뤄질 때 쓰인다. 우리는 어떤 장소에서 놀고, 공부하고, 자고, 자란다. '있다'는 동사는 소재를 가리키면 '에'와 어울리고, 동작을 뜻하면 '에서'와 호응한다.

다음 예문을 살펴보라.

▶그가 불화를 겪는 이유 중 하나는 미숙한 의사소통에 있다.

▶우리 회사 창립 10주년 기념 행사가 내일 오후 7시에 OO호텔에서 있을 예정입니다.

필자도 '에' 자리에 '에서'를 쓴 적이 있다. 다음은 내가 기자 초년병 시절인 1994년에 쓴 기사의 일부다. 연습 삼아 틀린 부분을 찾아보자.

이 기사에는 표기가 잘못된 부분도 두 군데 있다. '마이크로프로세서'를 '마이크로프로세스'로, '측정센서'를 '측정센스'로 잘못 적었다. 발뺌하는 듯이 여겨질지 모르겠지만, 이 부분은 내 실수가 아니었을 게다. 기사는 지면에 앉혀지기까지 여러 사람의 손을 거친다. '으'와 '어'를 혼동하는 분이 그렇게 수정했지 싶다.

사역형과 수동태

사역형과 수동태

역시 영어의 영향이겠다. 우리말에 수동태와 사역형이 많아졌다. 수동태는 가능하면 피해야 한다. 피치 못하게 쓸 때면 바르게 써야 한다. 그런데 우리말에 달라붙는 좋지 않은 습관인 '겹쳐서 말하기'가 수동태와도 결합했다.

45

시킬 사람이 없으면 그냥 하라

'~시키다'는 사동(使動)의 뜻을 더하는 접미사다. 우리가 심부름시키고, 등록시키고, 안심시키고, 연상시키려면 그 앞에 심부름하고, 등록하고, 안심하고, 연상할 다른 주체가 필요하다. 이는 다음 예문들을 읽어보면 알 수 있다.

▶나는 현재 상황이 심각하지 않음을 구체적으로 설명해 그를 안심시켰다.

▶팀장은 김 대리에게 입찰에 필요한 서류를 떼어 오라고 심부름시켰다.

▶어제 우리 아이 학원에 등록시켰어.

▶마세라티의 강렬한 라디에이터 그릴과 넓은 보닛, 그리고 감성을 뒤흔드는 배기음은 (우리에게) 잘빠진 스포츠카를 연상시킨다.

'~시키다'는 형태의 사역형은 우리가 중학생 때부터 'I had my hair cut' 같은 문장을 배우며 부지불식간에 자주 쓰게 된 듯하다. 물론 '나는 (누군가에게) 내 머리카락을 자르도록 시켰다'는 말이 틀린 표현은 아니다.

다음과 같이 '시키면' 안 되니 표현을 바꿔주어야 한다.

▷만약 페이스북이 주식을 상장시키게 된다면 페이스북 주식에 대한 수요가 구글 주식에 대한 수요를 잠식할 수도 있다.

▶만약 페이스북이 주식을 상장하게 된다면 페이스북 주식에 대한 수요가 구글 주식에 대한 수요를 잠식할 수도 있다.

▷아사히맥주는 기린맥주에 밀려 한동안 고생을 했다. 이를 반전시킨 것이 1987년에 출시된 '수퍼드라이'다.

▶아사히맥주는 기린맥주에 밀려 한동안 고생했다. 이를 뒤집은 것이 1987년에 출시된 '수퍼드라이'다.

▷이 책은 행태경제이론을 투자에 접목시켜 설명한다.

▶이 책은 행태경제이론을 투자에 접목해 설명한다.

▷전통적인 2D 방식은 두 눈에 동시에 같은 이미지를 투영시키기 때문에 두 이미지 사이에 차이가 없다.

▶전통적인 2D 방식은 두 눈에 동시에 같은 이미지를 투영하기 때문에 두 이미지 사이에 차이가 없다.

▷혈관을 손상시키는 동맥경화의 위험인자는 다양하다.

▶혈관을 손상하는 동맥경화 위험인자는 다양하다.

요약하면, 타동사에는 '시키다'를 붙이면 안 된다. 타동사는 시키지 말고 그냥 하면 된다.

원칙을 따지면, 행위를 시킬 다른 주체 없이 쓰는 '시키다'는 맞지 않다. 그러나 예외를 피하기 어려운 때가 나온다. 타동사가 아니라 자동사를 활용해야 할 때다. 다음 예문을 보자.

▶그는 이어 양안(兩岸) 농민이 협력하고 각자 장점을 살려 신제품을 생산하고 시장을 개척해 중국 농업문명을 발전시켜주기를 바란다고 격려했다.

발전시키는 주체는 '중국 농업문명'이 아니라 '양안 농민'이다. 따라서 이 문장에서 '시키다'는 딱 들어맞지는 않는다. 하지만 '시키다'는 '~가 어떻게 하도록 한다'는 말이니 '양안 농민은 중국 농업문명이 발전하도록 한다'는 문장을 '양안 농민은 중국 농업문명을 발전시킨다'고 써도 큰 무리는 없다. 예문을 하나 더 보자.

▶우리는 전략적 투자를 통해 회사를 한 단계 더 성장시키기 위한 파트

너를 찾는 것인 만큼 투자자 확보에 신중을 기할 수밖에 없다.

'발전' '성장' 같은 자동사를 목적어와 함께 써서 '발전하도록 하다' '성장하도록 하다' 로 활용할 때엔 '발전시키다' '성장시키다' 로 쓴다.

'시키다' 는 타동사와 결합하면 안 된다. 자동사와의 결합은 제한적으로 가능하다. 이와 관련해 외솔 최현배는 《우리말본》에서 다음과 같이 설명했다.

제움직씨(자동사)의 '하다' 따위의 움직씨(동사)를 남움직씨(타동사) 같이 만들어 쓰는 데에는 '시키'가 필요하지마는, 본디 남움직씨를 그저 단순한 남움직씨로 쓰는 데에는 조금도 하임의 뜻을 보이는 '시키' 가 필요없는 것이어늘.

드문 용례이긴 하지만, 사역형과 수동태가 결합한 '시켜진' 까지 등장했다.

▷거짓말 하는 사람의 뇌 활동을 관찰하는 연구는 그동안 주로 실험 참여자에게 진실 또는 거짓을 말하라고 시키고 뇌 활동을 기능성 자기공명영상(fMRI) 등으로 촬영하는 방식이 동원됐다. 그러나 이런 방식은 한계가 있었다. 왜냐하면 거짓말을 하는 사람도 '시켜진 대로 정직하

게' 거짓말을 했기 때문이었다.

이 예문의 첫째 문장에서처럼 '아무개에게 무엇을 하라고 시킨'이라고 하는 것은 이상하지 않다. 그러나 셋째 문장에 나오는 '시켜진 대로 정직하게'는 어색하다. 이 수동태 형식을 자연스러운 다른 표현으로 어떻게 바꿀 수 있을지를 생각해보자. 연구자가 실험 참여자에게 거짓말을 하라고 지시했고, 실험 참여자는 지시받은 대로 거짓말을 했다. 그렇다면 '지시받은 대로 정직하게'라고 표현하면 어떨까.

46

모아진 것이 쓰여진다?

보조동사 '지다'는 동사 뒤에서 '~어지다'로 활용된다. 동사가 이루어진 결과를 나타낸다. 끈을 풀면 끈이 풀어지고, 옷을 찢으면 옷이 찢어진다. '~어지다'가 붙으면 수동태 표현과 같은 뜻이 된다. 끈이 풀어지는 것은 끈이 풀리는 것과 같고, 옷이 찢어지는 것은 옷이 찢기는 것과 같다.

문제는 '끈이 풀리어지고' '옷이 찢기어지는'과 같은 잘못된 표현이 '남발되어지는' 상황이다. 다음은 한 은행지점에 놓인 모금함의 문구다.

▷모아진 성금은 소년·소녀 가장과 희귀병 어린이들을 위해 쓰여집니다.

이 문구는 다음과 같이 고쳐 쓰는 게 낫다.

▶모인 성금은 소년·소녀 가장과 희귀병 어린이들을 위해 쓰입니다.

예를 좀 더 들어보겠다.

▷잊혀진 계절　▶잊힌 계절

▷뒤집혀진　▶뒤집힌

▷보여지는　▶보이는

▷불리어지는　▶불리는

마찬가지로 '떡국 한 그릇에 담겨진 사랑'에서 '담겨진'은 '담긴'으로 써야 맞다. '담겨진' 대신 '담겨 있는'으로 씀으로써 현재 상태도 다르지 않음을 굳이 강조하는 사례가 종종 보인다. 앞에서도 지적했듯이 그럴 필요는 없다. '담겼던'이라고 하면 과거에 담겼지만 지금은 아니라는 뜻이지만 '담긴'이라고 하면 지금도 들어 있음을 말한다. 같은 이유로 '놓여있는'은 '놓인'으로 충분하다.

그런데도 현실에서는 이보다 한술 더 뜬 '담겨져 있는'이라는 떡진 표현이 다음 두 예문과 같이 스스럼없이 쓰인다. 안타까운 일이다.

▷명절요리에 자주 사용하는 식재료들과 간편하게 준비가 가능한 맛있는 통조림까지 이 모든 것이 담겨져 있는 종합선물세트 격인 '아내의 손맛 선물세트'도 마련돼 있다.

▷최근에 개헌논의가 크게 탄력을 받지 못하고 있는 것은 개헌논의에 정략적인 의도가 담겨져 있는 것 아닌가 하는 불신론이 깔려있기 때문으로 생각이 된다.

꼬리말

한국경제가 성장하고 한류가 세계에 확산되면서 우리말에 대한 관심이 점점 커지고 있다. 이는 한국어능력시험(TOPIK)을 치르는 외국인과 재외동포의 수로 확인된다. 한국어능력시험 응시자는 시험이 처음 치러진 1997년에는 4개국에 걸쳐 2692명에 불과했으나 2009년에는 약 7만 700명으로 증가했다. 2010년 시험은 8만 1000명이 봤다. 한국어능력시험의 누적 응시자는 72만 명에 이른다.

한국어능력시험은 어휘, 문법, 쓰기, 읽기, 듣기에 걸쳐 출제된다. 다음은 한국어능력시험 문제 중 하나다.

―다음 괄호 안에 알맞은 것을 고르십시오.

가: 이번 주말에 날씨가 좋아야 할 텐데….

나: 금요일 밤부터 비가 (   ) 하더라.

(1) 내린다고 (2) 내리냐고 (3) 내리자고 (4) 내리라고

정답은 물론 (1)번 '내린다고'다. 그러나 요새 사람들이 말하고 쓰는 습관을 보면, 이 문제를 한국인을 대상으로 주관식으로 내면 '내린다라고'를 답으로 쓰는 사람이 분명 나올 것이다.

점점 더 많은 외국인이 한국어를 열심히 배우고 익히는 반면에 정작 우리는 우리말을 아무렇게나 쓴다. 이런 현상이 지속되면 한국어능력시험의 정답과 우리가 실제로 구사하는 한국어 사이의 괴리가 어처구니없이 벌어질 수도 있지 않을까? 급기야 언젠가는 '내 다리가 휘어져 있다고' '우리들의 과제는' 같은 표현이 걸러지지 않은 채 한국어능력시험의 문제나 지문에 사용되지 않을까 걱정스럽다. 부디 이 걱정이 기우에 그치기를.